国际安全社区建设指南

主　编　吴宗之

副主编　陈文涛　梁醒虾　葛世友

中国劳动社会保障出版社

图书在版编目（CIP）数据

国际安全社区建设指南/吴宗之主编. —北京：中国劳动社会保障出版社，2015

ISBN 978-7-5167-1910-7

Ⅰ. ①国…　Ⅱ. ①吴…　Ⅲ. ①社区管理-安全管理-指南　Ⅳ. ①C916-62

中国版本图书馆 CIP 数据核字（2015）第 116933 号

中国劳动社会保障出版社出版发行

（北京市惠新东街 1 号　邮政编码：100029）

*

北京金明盛印刷有限公司印刷装订　新华书店经销

850 毫米×1168 毫米　32 开本　8 印张　175 千字

2015 年 6 月第 1 版　　2015 年 6 月第 1 次印刷

定价：21.00 元

读者服务部电话：（010） 64929211/64921644/84643933

发行部电话：（010） 64961894

出版社网址：http://www.class.com.cn

国际安全社区建设指南编委会

主　　任：伊　烈

副 主 任：杨　中

委　　员：刘　刚　廖念红　朱　佳　周　耀

主　　编：吴宗之

副 主 编：陈文涛　梁醒虾　葛世友

编写人员：欧阳梅　白　杰　张胜军　佟瑞鹏

陈　篮　谷　林　任常兴　李东方

王在熙　孙　涛　蔡伟群　刘　岩

李亚南　王素琴

序

20多年来，在世界卫生组织的支持下，国际安全社区建设得到了越来越多国家的认可，各项发展日新月异。

国际安全社区是事故伤害预防的重要基石。目前，国际安全社区建设已从传统的生产安全观拓展到包括防灾减灾和社会治安在内的、全方位的大安全观；参与主体从政府安监部门拓展到各部门、各行业和各领域；关注领域从工作场所扩展到日常生活各方面。实践证明，作为安全社区建设的延伸和升华，国际安全社区在破解传统安全管理困境、应对安全领域新挑战方面具有很强的现实意义。同时，她也是加强安全生产“双基”建设、全面提升基层安全水平的有效途径，是有效应对突发公共安全事件、构建社会主义和谐社会的重要载体。

党的十八大以来，习近平总书记全面阐释了实现中华民族伟大复兴的“中国梦”，提出要实现国家富强、民族振兴、人民幸福。李克强总理提出了“编织一张民生安全网”执政理念。这些目标和任务都与我们开展的安全社区建设工作息息相关。我们深感责任重大、任务艰巨。近年来，在国家安全监管总局的领导下，中国职业安全健康协会作为国际安全社区支持中心，认真履行职责，积极引入国际安全社区理念，并赋予它新的内涵。应该说，积极开展国际安全社区建设工作，是我们融入世界、扩大国际交流与合作的重要平台，也是我们向世人发出中国职业安全健康工作声音、讲述中国职业安全健康工作故事、释放中国职业安全健康工作能量的重要舞台。

本书详细阐述了国际安全社区建设的理论基础，全面解读了国际安全社区准则和指标要素，并结合中国实际情况，提出了国际安全社区建设方法，介绍了申请认证的步骤和内容，并列举了一些国内外安全社区建设的典型案例。同时，本书还凝炼了作者对安全社区建设的科学理解和指导社区开展安全社区建设的实践经验。这些观点和方法，集安全社区建设的充分性、有效性和适用性于一体，对社区而言，有直接的借鉴作用；对政府相关部门、有关机构及从事咨询的人员，具有重要的参考实用价值。

可以肯定的是，国际安全社区建设工作仍然是当前乃至今后一段时期的安全社区建设的重要组成部分。相信此书对国际安全社区、全国安全社区建设能起到很好的指导作用，能够进一步提升安全社区建设水平。同时，也希望大家结合自身实践，认真总结安全社区建设的新经验、新作法，以便下次再版时进一步修订改进和补充完善。

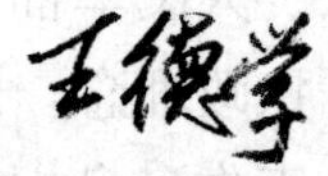

2015 年 5 月

目 录

Contents

第一章
绪 论

第一节 事故伤害流行状况

一、伤害流行总体状况

随着社会和经济的发展，人们对健康的需求越来越高，伤害的危害也愈发突出。伤害的严重性在于它的常见多发，死亡率高，经常导致机体残疾，总体损失大。伤害因急救、医疗、康复以及早死、残疾或功能丧失而消耗巨额费用，造成的经济损失和社会负担远远超过任何一种传染病或慢性非传染性疾病。伤害已成为一个重要的公共卫生问题，也是一个严重的社会问题。

据世界卫生组织（WHO）估计，1990—2020 年，全世界由伤害造成的死亡人数将会增加 65%，达到 840 万。世界卫生组织发布的 2008 年世界卫生统计资料表示，在未来的几十年中伤害对人们健康的威胁会逐步增加，见表 1—1。从表中可以看出，2004 年在全球主要死亡原因排位的前 25 位中，与伤害有关的条目有 3 条，分别是道路交通事故、自我伤害、暴力冲突，对 2030 年的排位预测显示，道路交通事故、自我伤害和暴力冲突的排位仍在前 25 位，但是他们的具体排位却大大提前。

表 1—1　全球 2004 年与 2030 年主要死亡原因比较

2004 年			2030 年		
疾病或伤害	死因构成比	排位	排位	死因构成比	疾病或伤害
缺血性心脏病	12.2	1	1	14.2	缺血性心脏病
脑血管疾病	9.7	2	2	12.1	脑血管疾病
下呼吸道感染	7.0	3	3	8.6	慢性阻塞性肺病
慢性阻塞性肺病	5.1	4	4	3.8	下呼吸道感染
腹泻类疾病	3.6	5	5	3.6	道路交通事故
HIV/AIDS	3.5	6	6	3.4	气管、支气管、肺癌
结核病	2.5	7	7	3.3	糖尿病
气管、支气管、肺癌	2.3	8	8	2.1	高血压性心脏病
道路交通事故	2.2	9	9	1.9	胃癌
早产和低出生体重	2.0	10	10	1.8	HIV/AIDS
新生儿感染和其他	1.9	11	11	1.6	肾炎和肾病
糖尿病	1.9	12	12	1.5	自我伤害
疟疾	1.7	13	13	1.4	肝癌
高血压性心脏病	1.7	14	14	1.4	结肠和直肠癌
出生窒息和损伤	1.5	15	15	1.3	食道癌
自我伤害	1.4	16	16	1.2	暴力冲突
胃癌	1.4	17	17	1.2	老年痴呆和其他痴呆
肝硬化	1.3	18	18	1.2	肝硬化

续表

2004 年			2030 年		
疾病或伤害	死因构成比	排位	排位	死因构成比	疾病或伤害
肾炎和肾病	1.3	19	19	1.1	乳腺癌
结肠和直肠癌	1.1	20	20	1.0	结核病
暴力冲突	1.0	21	21	1.0	新生儿感染和其他
乳腺癌	0.9	22	22	0.9	早产和低出生体重
食道癌	0.9	23	23	0.9	腹泻类疾病
老年痴呆和其他痴呆	0.8	24	24	0.7	出生窒息和损伤
		25	25	0.4	疟疾

《中国伤害预防报告·中国居民死亡原因统计年报》数据显示，2005 年居民伤害死亡率为 52.6/10 万，男性为 64.0/10 万，女性为 38.4/10 万，死亡率性别比为 1.67∶1；城市为 38.8/10 万，农村为 59.0/10 万，农村比城市高 52.1%，城乡比为 1∶1.52。据估算，2005 年中国因伤害造成的死亡总人数为 73.2 万，其中造成死亡的伤害主要为交通运输事故、跌落、溺水和自杀，共造成了 55 万例以上的死亡（见表 1—2）。从变化趋势来看，过去 10 年，中国自杀、溺水、他杀、火灾的死亡率下降，跌落和中毒的死亡率上升。《中国卫生和计划生育统计年鉴》（2013 卷）中的统计数据显示，损伤和中毒是排在第五位的死亡原因。

从变化趋势来看，1995 年前 5 位伤害死因依次为自杀、交通运输事故、溺水、跌落和中毒。而在 2005 年，交通运输事故列入第一位伤害事故，自杀列入第 2 位，溺水列入第 3 位，跌落、其他意外事故和有害效应列入第 4 位和第 5 位。过去 10

年，中国自杀、溺水、被杀、火灾的死亡率下降，跌落和中毒的死亡率上升。

表 1—2　　中国居民伤害死亡人数估算（万人）

项目	1995 年	1998 年	2000 年	2003 年	2005 年
损失和中毒合计	75.3	76.0	75.6	72.3	73.2
其中：交通运输事故	18.8	21.9	21.8	22.0	20.6
中毒	3.5	4.5	4.2	4.3	3.9
跌落	6.9	6.7	6.7	6.7	8.3
火灾	1.0	0.8	1.0	0.7	0.8
由自然环境所致的意外事故	1.1	1.2	0.9	0.8	0.5
溺水	9.9	7.9	8.8	8.6	8.9
意外的机械性窒息	1.5	1.2	1.0	1.2	1.4
砸死	1.4	1.4	1.3	0.9	1.1
由机器切割和穿刺工具所致的事故	0.4	0.2	0.3	0.2	0.2
触电	1.9	1.6	1.7	1.1	1.2
其他意外事故和有害效应	3.5	3.6	3.3	4.5	4.3
自杀	22.6	22.4	22.1	19.3	19.3
被杀	2.8	2.5	2.5	1.8	2.5

来源：《中国伤害预防报告》

二、主要事故伤害流行现况

1. 交通事故

交通事故（Traffic Accident）是指车辆在道路上因过错或者意外造成人身伤亡或者财产损失的事件。道路交通事故是指车辆在道路上的行驶途中因过错或者意外造成的人身伤亡或者财产损失的事件。

2013 年 5 月 2 日，世界卫生组织发布的《道路安全全球现状报告》显示，全世界每年有 124 万多人死于各类道路交通事故，其中非洲地区的死亡率最高。

道路交通伤害是全球第八大死因，而且是 15～29 岁年轻人的主要死因。如不采取紧急行动，到 2030 年，道路交通伤害将上升为全球第五大死因。

就道路交通伤害造成死亡的风险而言，非洲区域最高，欧洲区域最低（见图 1—1）。

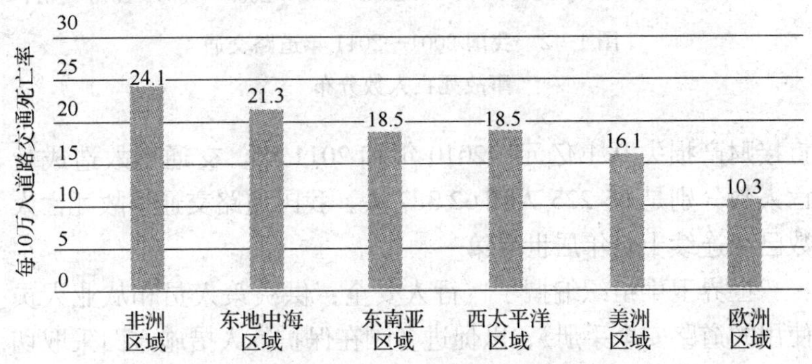

图 1—1 世界卫生组织发布不同区域的每 10 万人道路交通死亡数量

根据我国公安部门的报告，2000—2005 年全国每年交通事故死亡人数在 10 万人左右，成为世界上因交通死亡人数最多的国家之一，此外我国平均每年还有 48 万人在交通事故中受伤，即每 1 分钟就会有一人因为交通事故而伤残，每 5 分钟就有一人丧生车轮，平均每年直接经济损失约 28 亿元。我国 2001—2011 年道路交通事故死亡人数分布如图 1—2 所示，总体上死亡人数呈下降趋势。

2009 年，中国汽车保有量约占世界汽车保有量的 3%，但交通事故死亡人数却占世界交通事故总死亡人数的 16%。2009 年，全国道路交通事故共造成 67 759 人死亡、27. 5 万人受伤，

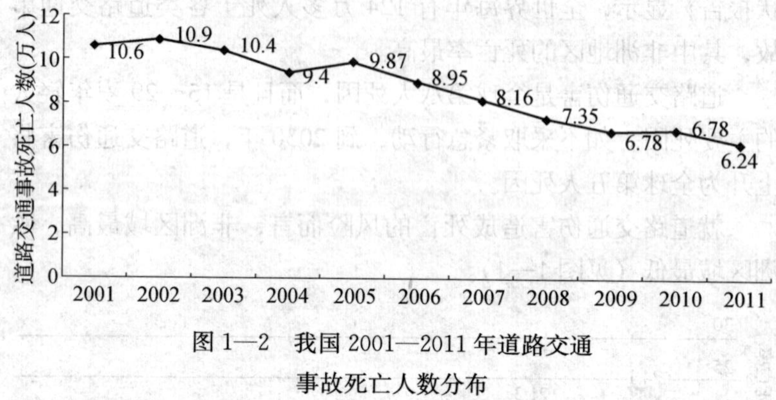

图 1—2 我国 2001—2011 年道路交通事故死亡人数分布

直接财产损失 9.1 亿元；2010 年和 2011 年，交通事故造成死亡人数分别是 65 225 人和 62 387 人，我国道路交通事故死亡人数已经连续十余年居世界第一。

世界卫生组织编撰了《行人安全：供决策人员和从业人员使用的道路安全手册》，以促进各国在保护行人措施方面采取切实行动，其中有很多措施对我国而言具有很高的借鉴价值。例如，在城市中心设立行人专用区域，从而限制车辆通行；改善公共交通路线设计；制定并且实施用于行人保护的车辆设计标准；改善行人所用设施周边的照明；鼓励使用反光材料，提高行人的可见度；遏制酒后驾驶，减少手机使用以及其他形式的分心驾驶行为等。

2. 工作场所事故

国际劳工组织（ILO）2009 年的一份报告显示，全球每年有近 2.5 亿起工伤事故，导致 4 亿 5 000 万人遭受工伤或职业病的折磨，另有 220 万人因为这两种原因丧生，1 500 万人受到失能伤害。国际劳工组织指出，工伤和职业病每年导致的经济损失占全球国内生产总值的 4%，是世界官方发展援助总和的 20 倍。

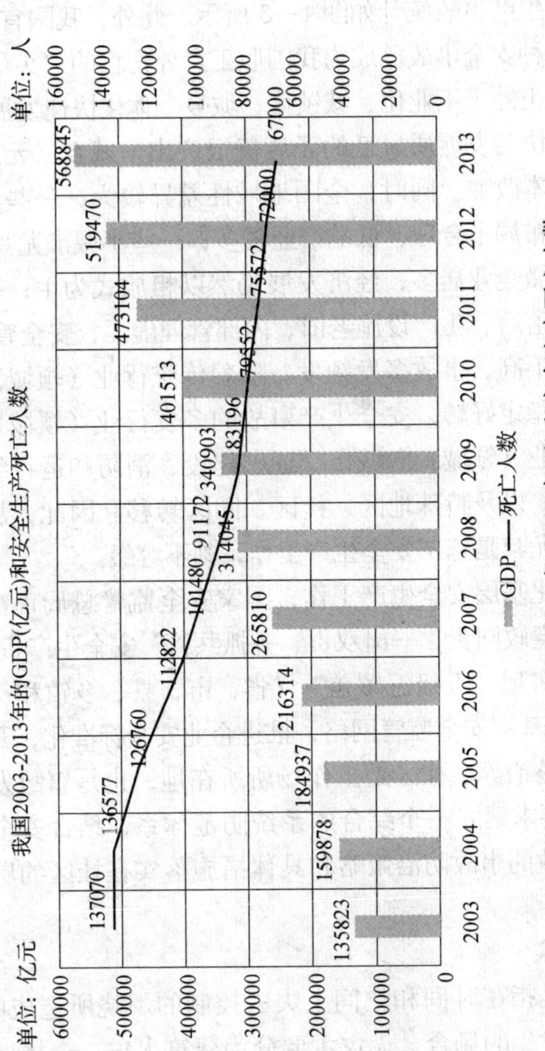

图1—3 我国2003—2013年GDP(亿元)和安全生产死亡人数

近年我国工伤事故死亡人数呈下降趋势，2003—2013 年我国的安全生产事故统计如图 1—3 所示。此外，我国官方的统计表明，各种安全事故已成为我国职工意外伤亡的“头号杀手”。

我国正处于工业化、城镇化、城乡一体化快速发展的阶段，发展速度快与发展质量低的矛盾仍很突出，城乡二元结构还没有得到根本改变。同时，全国地域性差异较大，一些地区的产业结构和布局不合理，低端产业较多；一些小城市尤其是乡镇、村屯，小微企业居多，经济发展仍然以粗放式为主；一些企业工艺技术落后、生产设施老旧、内部管理虚弱、安全管理混乱、员工素质不高、事故多发频发。随着传统行业（领域）安全形势的持续稳定好转，安全生产事故的多发行业（领域）已由相关传统行业（领域）向城市交通、建设、消防和运行维护等行业（领域）以及特殊地区、社区、园区转移。因此，加强安全生产工作尤其是基层安全生产工作，刻不容缓。

为强化基层安全生产工作，国家安全监管总局正在推进建立健全“党政同责、一岗双责、齐抓共管”安全生产责任体系，加快推进实现“五级五覆盖”（省、市、县、乡镇和行政村五级），健全基层安全监管网络，推进企业安全标准化，开展各类安全专项整治等。社区是工作场所所在地，也是事故发生的前沿阵地，要求建立一个综合的系统防范体系，结合安全社区建设，把有效的事故防治策略和具体措施落实在社区的层面来加以解决。

3. 火灾

火灾是指在时间和空间上失去控制的燃烧所造成的灾害。根据火灾发生的场合，火灾主要分为建筑火灾、森林火灾、工矿火灾以及交通工具火灾等类型。我国近 5 年来火灾起数、死亡人数、伤亡人数及火灾直接经济损失的分布状况如图 1—4 所示。从图 1—4 可以看出，近年来我国火灾事故呈下降趋势，重特大火灾和群死群伤火灾的多发势头得到有效遏制，但我国火灾事故形势仍然严峻，防火任务仍然艰巨；从火灾导致的直接经济损失来看，近年来火灾直接经济损失呈上升趋势，可能与火灾的规模和发生的场所类型有关。

2007—2012年火灾起数与直接经济损失情况

	2012	2011	2010	2009	2008	2007
火灾起数(万)	15.2157	12.4402	13.17	12.9381	13.6835	16.3521
直接经济损失(亿元)	21.8	18.8	17.7	16.24	18.2	11.25

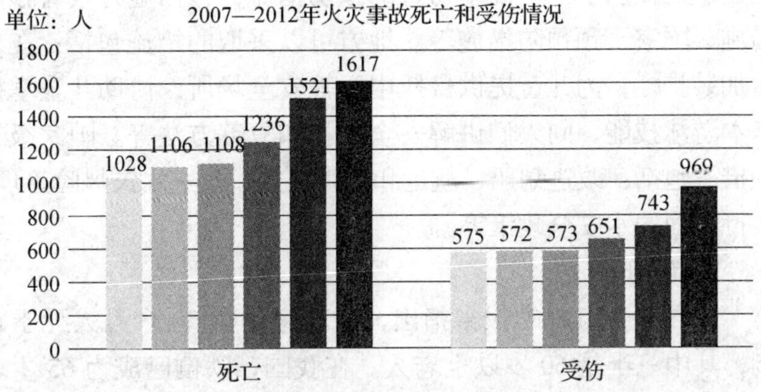

图 1—4　2007—2012 年我国火灾基本情况比较

4. 溺水

淹溺又称溺水，是人淹没于水或其他液体介质中并受到伤害的状况。溺水是因淹没或浸入在液体中造成呼吸受阻的过程；其结果分为死亡、发病和安然无恙。

溺水成为世界各个地区儿童或者年轻人的十大主要死因之一。世界卫生组织 2014 年 11 月发表报告《全球溺水报告：预防一个主要杀手》显示，全世界每年有 37.2 万人溺水死亡，其中 90%的溺水事件发生在低收入和中等收入国家。据保守估算，每个小时就有 40 人因溺水而丧失生命。世界卫生组织表示，很多儿童在没有人注意的情况下滑入水塘、游泳池或者井里，以及青少年因为酒精或者毒品的原因而去游泳，最后溺水而亡。溺水成为世界各个地区儿童或者年轻人的十大主要死因之一。

我国卫生部 2010 年发表的数字显示，中国每年有 57 000 人溺水死亡，其中有约 3 万名儿童，是儿童的第一死因。世界卫生组织提出了一些简单易行的预防措施，包括地方政府预防措施、国家干预预防措施等。地方可以采取的措施包括：在水边加装护栏，为儿童提供日托中心等安全场所，协助儿童掌握基本游泳技能，向人们讲解安全救护和复苏方法等。国家级干预措施包括：改进划船、航运和摆渡法规，改进水灾风险管理，实行全面的水安全政策等。

5. 跌倒

世界卫生组织的报告指出，全球每年有 30 余万人死于跌倒，其中一半是 60 岁以上老人。在我国，跌倒已成为 65 岁以上老人伤害死亡的“头号杀手”。跌倒严重威胁着老人的健康，老人在跌倒骨折后，通常需要长期卧床，并产生一系列的并发症，造成身体功能直线下降，甚至危及生命。

我国目前65岁以上老年人已达1.5亿。依据30%的发生概率估算，我国每年有4 000万老人跌倒；2012年全国疾病监测系统死因监测结果显示：65岁及以上老年人跌倒死亡率为45.72/10万，因跌倒死亡是65岁及以上人群因伤害致死的第一位死因，占该人群因伤害死亡总数的29.85%。

中国疾控中心2013年度全国伤害监测数据显示，60岁以上老年人一半以上的跌倒事故是因穿鞋不当造成的，占到55.17%。而因跌倒造成骨折的老人，占全部病例的30.24%。跌倒后老人的身体容易加速衰竭，引起肺栓塞、免疫力失调、抑郁等并发症。2014年，北京市疾控中心公布的抽样调查结果显示：60～69岁老年人每年跌倒发生率为9.8%，70～79岁为15.7%，80岁以上为22.7%，每增长10岁，跌倒发生率会升高0.5倍左右。

表1—3所示为WHO各分区2000年按年龄和性别分布跌倒及相关伤害的死亡率。

跌倒的原因多种多样，如身体机能退化、心脑血管疾病、糖尿病等慢性病以及心情抑郁等都可能导致跌倒。科学研究表明，老年人跌倒，通常不是意外，是可以预防和控制的。通过衣着、饮食、住宅、起居、运动、健康、心理、急救等各方面的措施手段，能降低30%～40%的跌倒风险。

6. **自杀**

自杀是指个体在复杂心理活动作用下，蓄意或自愿采取各种手段结束自己生命的行为。世界卫生组织于2014年9月公布首份关于自杀行为的报告《预防自杀：一项全球要务》，表明每年有超过80万人死于自杀，多数为男性。自杀死亡人数已经超过战争和自然灾害致死人数之和，相当于每40秒就有一人自杀。自杀是15～29岁人群死亡的第二大主要原因；年龄在70岁

表 1—3　WHO 各分区 2000 年按年龄和性别分布跌倒及相关伤害的死亡率(每 10 万人口)

年龄(岁)	全球			非洲		美洲		东南亚		欧洲	
	合计	男	女	男	女	男	女	男	女	男	女
所有年龄	4.7	5.6	3.8	3.4	2.0	5.7	4.1	3.6	1.4	9.0	8.5
0～4	2.8	2.9	2.8	1.4	1.9	1.8	0.9	2.3	1.4	1.8	1.2
5～14	1.2	1.4	1.0	1.1	1.0	0.7	0.3	1.1	1.0	1.0	0.4
15～29	1.7	2.8	0.7	1.1	0.3	2.3	0.3	2.4	0.5	2.8	0.6
30～44	2.8	4.4	1.1	3.1	1.3	3.8	0.5	3.4	0.7	5.5	1.0
45～59	5.0	7.7	2.2	6.5	2.8	6.2	1.2	6.0	1.4	10.0	2.1
60～69	9.1	13.5	5.1	27.8	6.8	11.4	4.2	10.9	3.8	14.0	4.7
70～79	21.7	27.3	17.5	47.5	26.0	26.9	17.6	17.5	10.0	28.2	20.0
≥80	107.8	103.8	110	52.5	94.6	132.0	122.2	24.3	15.0	142.8	155.6

以上的人群自杀率最高；约75%的自杀行为发生在中低收入国家；在高收入国家，自杀的男性人数是女性的3倍；全球范围内，服药、上吊和开枪是最常见的自杀方式。报告呼吁将防范自杀提升至全球公共卫生和公共政策议题的优先考虑范围，并呼吁社会各部门协同努力应对自杀这一公共卫生问题。

根据我国卫生部统计，中国每年约有25万人因自杀死亡，占世界自杀死亡人数的1/5～1/4；另有200万人自杀未遂，即每分钟有3人自杀未遂，并且有逐年增加的趋势。自杀、自伤造成的直接疾病负担在中国疾病负担中排第4位。

自杀危险因素包括死前两周抑郁程度重、有自杀未遂既往史、死亡当时的应激强度大、死前一个月的生命质量低、死前两天有剧烈的人际冲突、慢性心理压力大、朋友或熟人曾有过自杀行为、有血缘关系的人曾有过自杀行为、失业或从事没有薪金的工作、死前一个月社会交往少等。

限制人们接触到自杀工具是防范和减少自杀行为的一个重要途径。其他途径包括：媒体在报道自杀事例时应避免渲染和详述细节，及时确认和治疗精神障碍患者，以及向自杀未遂者提供定期后续护理等。各国应根据自身文化和社会背景制定相应策略，制定并执行各部门协同合作的行动方案，建立国家防范自杀策略，使防范自杀成为卫生、教育、就业、社会保障、司法等多部门协同应对的优先考虑事项。

7. 自然灾害

自然灾害是指由于自然异常变化造成的人员伤亡、财产损失、社会失稳、资源破坏等现象或一系列事件；世界范围内重大的突发性自然灾害包括：旱灾、洪涝、台风、风暴潮、冻害、雹灾、海啸、地震、火山、滑坡、泥石流、森林火灾、农林病虫害等。

据统计，世界上平均每年有 1.5 亿～3.5 亿人不同程度受灾，逾 8 万人因自然灾害死亡，经济损失达 2 000 亿元。2010 年，联合国机构“国际减灾战略”在日内瓦发布全球自然灾害统计报告，报告指出，1990—1999 年，全球平均每年发生 258 起自然灾害，平均每年造成 4.3 万人死亡；但 2000—2009 年，全球自然灾害频发，年均灾害数量及致死人数分别增至 385 起和 7.8 万人。其中，亚洲遭受自然灾害的打击最严重，死伤人数约占全球总数的 85%。目前全球自然灾害主要分为两大类：一是与极端气候相关的灾害，如干旱、洪水、寒潮、热浪等；二是地质灾害，如火山爆发、地震和由其引发的海啸等。

苏黎世保险发布研究报告称，2014 年全球因灾害事件导致的经济损失达 1 130 亿美元，其中自然灾害与人为灾难造成的保险损失为 340 亿美元，因自然灾害或人为灾难而遇难的人数约为 1.1 万人。灾害类型包括地震、冰雹、龙卷风、洪水、沙漠化等。

重特大自然灾害不仅严重威胁人类的生命财产安全，也给社会稳定带来隐患，给经济社会的可持续发展带来严重影响。世界各国纷纷意识到有效管理灾害风险已经成为当务之急。1999 年 7 月在日内瓦召开的第二次世界减灾大会的管理论坛强调，要关注大城市及都市的防灾减灾，尤其要将社区视为减灾的基本单元。2001 年的国际减灾日，联合国提出了“发展以社区为核心的减灾战略”的口号。2005 年的联合国世界减灾大会达成了《兵库行动框架：2005—2015》，从战略和行动上减少灾害风险和适应气候变化。政府在灾害风险管理中承担着全面的责任，既是责任者，又是组织领导者。

我国自然灾害的发生特点为种类多、分布广、频率高、损失大，是世界上遭受自然灾害最严重的国家之一。全国 70%以上的城市、50%以上的人口分布在气象、地震、地质、海洋等自然灾害严重的地区。全国 2/3 以上的国土面积受到洪涝灾害威胁。全国各省均发生过 5 级以上的破坏性地震，2008 年四川汶川地震导致 8.7 万余人死亡。2007—2013 年我国自然灾害损失情况如图 1—5 所示。

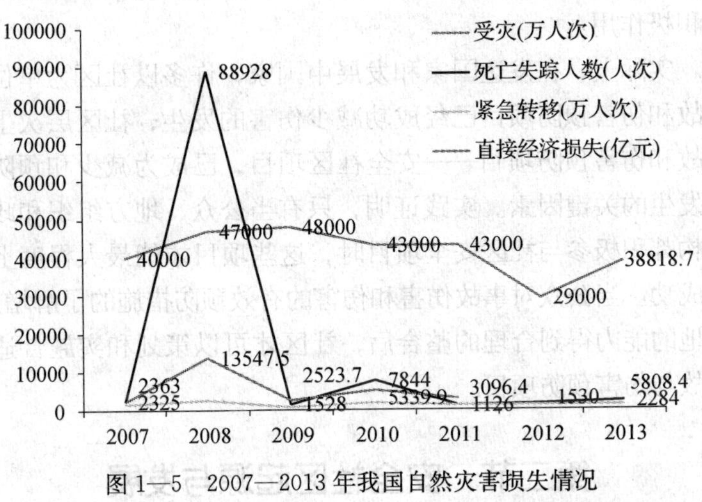

图 1—5 2007—2013 年我国自然灾害损失情况

以社区为核心的减灾战略，其主导思想是依靠社区组织，在政府和非政府组织的协助下，动员所有居民参与社区防灾减灾建设。因为社区既是受灾害影响的一个公共单元，也是处理灾害事件的主要单位，基于社区的备灾方式日益成为降低灾害管理脆弱性以及完善灾害管理战略的重要因素。事实证明，面对中小型灾害，基层社区往往更能有效发挥减灾作用，有效地减轻自然灾害的影响。因此，应立足于中国的实际情况，借鉴国外的先进经验，推动减灾型社区建设。

综上，随着社会的发展，人们逐渐认识到事故与伤害是可以被认识、预防和控制的。我国在伤害预防控制领域开展了大量工作，也取得一定的进展。20 世纪 50 年代以来，各级政府逐步制定了一系列与预防和控制伤害相关的政策、法律、法规，主要包括了生产安全、道路交通安全、学校安全以及预防故意伤害等方面。这些法律法规的贯彻实施在减少伤害的发生、降低伤害的严重程度、减轻伤害造成的社会经济损失等方面起到了积极作用。

实际上，在发达国家和发展中国家，许多以社区为单位的事故和伤害预防项目已经成功减少伤害的发生，社区层次上的事故和伤害预防项目——安全社区项目，已成为减少和预防伤害发生的关键因素。实践证明，只有当公众、地方组织和政府机构都积极参与社区安全项目时，这些项目才能最大程度上取得成功。当公众对事故伤害和伤害的有效预防措施的了解增加，当地的能力得到合理的整合后，社区才可以策划和实施合适的事故与伤害预防项目。

第二节　安全社区起源与发展

“安全社区”一词于 1989 年在瑞典斯德哥尔摩第一届世界事故与伤害防范大会时正式提出。会议提出《安全社区宣言》作为基础性文件，提出“人人都平等享有安全和健康的权利”，这是世界卫生组织“全民健康”战略的基石，也是事故预防和伤害控制全球计划的基础。

安全社区项目最早起源于瑞典法尔雪平、利德雪平及穆塔拉的安全促进和伤害预防项目。1975 年，瑞典的 Falköping 社区首先意识到意外伤害是公共卫生的主要问题，要解决这一问题，必须依靠社区各部门及志愿团体的合作。基于这一意识，Falköping 社区制定了有针对性的伤害预防计划，包括宣传、教育、资讯、监管及环境改善等环节。该计划实施后不到两年半即见成效，Falköping 社区内的交通意外伤害减少了 28%，家居伤害减少了 27%，工伤事故减少了 28%，学龄前儿童意外伤害减少了 45%。而相邻未实施伤害预防计划的社区，上述伤害现象并未见减少。此外，Falköping 社区（3 200 人）因伤害入院的人数每 1 000 人减少了 0.5 人，相邻社区该项指标每 1 000 人增加了 1.7 人。这一显著成效的取得坚定了 Falköping 社区继续推行该计划的信心。

此后，安全社区计划在发达国家和发展中国家得到了广泛的认同和快速发展。第一个被确认的国际安全社区是瑞典的 Lidköping 社区，时间是 1989 年。最初 5 年，确认为安全社区的数量为平均每年 1 个，此后数量逐渐增多，平均每年 10 个左右。其中一部分是在基层社区通过认可后，又扩大建设范围至全区乃至全市后，又再一次通过认可。此外，更多的安全社区正在建设和筹备中，并且已从经济发达国家扩展到发展中国家，如泰国、印度尼西亚和孟加拉国等。

二十多年来，安全社区和安全促进活动在全球范围内蓬勃发展。在世界卫生组织的支持下，瑞典卡罗林斯卡医科大学成立了“社区安全促进合作中心”，负责在全球宣传、推广安全社区计划，负责评估申请成为“安全社区”的申报材料，负责对申请方进行实地考察。

世界卫生组织社区安全促进合作中心成立 20 多年来，安全社区在世界各地蓬勃发展，目前全球共设立 21 个各有其专长和功能的支持中心，先后有 31 个国家和地区的 346 个社区通过了“国际安全社区认证中心”认证，被世界卫生组织接纳为“国际安全社区网络成员”，分布于瑞典、澳大利亚、挪威、加拿大、美国、南非、奥地利、新西兰、韩国、中国、丹麦、捷克、芬兰、爱沙尼亚、波斯尼亚、以色列、越南、智利、伊朗、波兰、日本、塞尔维亚、秘鲁、德国、英国等地。

国际安全社区的建设类型、单位等因各国体制不同、文化差异等因素也有较大的不同，例如，命名为第一个国际安全社区的 Lidköping 社区属于小微社区，人口仅 3.8 万人；伊朗则以区为载体创建的为多，例如伊朗德黑兰的第 4 区、第 5 区、第 10 区、第 20 区等；以城市整体创建安全社区的有澳大利亚墨尔本市（人口 100 万余人）、挪威 Ski 自治市、新西兰威灵顿市（人口近 18 万人）、韩国水源市、韩国釜山市（人口约 360 万人）等。以特殊载体开展安全社区建设的有高校主导型社区（美国埃默里大学）、企业主导型社区（我国潞安集团社区）等。

国际安全社区的建设模式因各国政治体制等因素的影响而存在差异，主要模式有我国“党委领导、政府主导、安委办牵头、社会参与”工作模式；澳大利亚、新西兰等国非政府组织自发性组织、政府伙伴合作模式；我国台湾地区的民间组织、政府支持模式；韩国的政府 - 高校协同工作模式（韩国水源市）等。

在中国，最先引进安全社区理念的是香港，2000 年香港职业安全健康局引进了安全社区项目，并在同年 3 月与世界卫生组织社区安全促进中心签约成为全球第 6 个安全社区支持中心。随后，中国职业安全健康协会（COSHA）受原国家安全生产监督管理局委托，负责在国内推广世界卫生组织的安全社区理念，促进了中国地区的安全社区发展。截至 2014 年年底，中国内地地区已有国际安全社区 78 家，主要分布在北京、上海、大连、广州等地。

第三节 安全社区工作理念

要想成为国际安全社区网络成员，社区必须提出安全促进计划，满足国际安全社区建设准则要求，这些建设准则都基于或来源于与安全促进和社区动员有关的理论和实践知识。世界范围内的安全社区建设实践已经多次证实了安全社区项目的有效性。安全社区项目的基本理念是强调各个领域内的安全与伤害预防，包括所有年龄、环境和状况，所有政府和非政府社区部门。项目的理论框架以常规的健康促进概念和社区的参与策略为基础。

1. 跨界合作

准则要求将社区内各种不同的组织机构紧密联系起来，调动多方资源实施安全促进，充分发挥各部门的优势，形成部门间的跨界合作、齐抓共管，实现无缝隙安全监管与服务，建立以社区为中心“条块结合”的安全工作网络，建立上下连贯的运作系统，设置跨界的安全促进委员会，建立针对各项目小组开展具体工作，来确保安全社区建设工作的有序开展。

关于事故伤害预防，各国都已立法并明确了各部门的职责，但是很多伤害问题的预防和控制不是一个部门能够解决的，必须建立跨界跨部门合作的工作关系。同时，要根据待解决问题的性质，建立项目组，整合资源、强化协作来解决特定问题。

2. 全员参与

安全社区针对的是所有类别及全方位的伤害预防，强调社区内人人参与预防工作，即全员、全过程、全方位，将区内各种不同的组织机构紧密联系起来，调动各自的资源，最大限度地降低职业伤害，日常生活中的伤害，甚至暴力、自杀等各种意外伤害。同时，安全社区建设要求开展覆盖社区所有群体、针对高风险人群及弱势群体（如妇女、儿童、老年人、残疾人）的安全促进项目，来体现“人人都享有安全和健康的权力”这一基本原则。

3. 项目引领

安全促进项目是安全社区建设的核心内容，准则要求有针对人群、环境等开展安全促进项目，同时针对社区内的“两高一脆弱”问题策划以项目的形式实施安全促进，集中力量解决主要矛盾，同时兼顾一般问题的管理。

4. 持续改进

准则中要求社区有对持续改进的承诺，并根据实际情况制定切实可行的目标、指标和实施方案，配备相应的各种资源。这些内容是安全社区的建设依据，也是基本保证。同时，准则中又要求社区应定期对建设效果和安全促进项目进行评审，并针对性地制定持续改进计划，以确保建设工作的持续适用性、充分性和有效性。通过评审使建设工作日益完善、改进，使社区的安全管理进入一个新水平。

安全社区的建设过程中，会随着科学技术水平的提高、安全法律法规及各项技术标准的完善、公众安全意识和期望的提高，而不断地、自觉地加大安全促进工作的力度，持续调整优化工作方法，达到持续改进的目标。

第二章 安全社区建设相关理论和方法

第一节 安全促进的环境导向模型

加拿大魁北克的公共卫生部门持续二十年开展旨在加强公共安全的活动，最初主要侧重于家里和休闲活动场所的伤害预防，但后来扩展到暴力防控等其他公共安全问题。刚开始这些工作都是针对具体的问题，如司机保护装置、酒后驾车等，然而当地政府逐渐意识到当地社区不仅要着眼于特定的安全问题或风险因素的控制，还要关注更多的全局性问题，关注与更多人口密切联系的问题，这种方法被称为“安全促进”，它涉及两种不同的观点：一种是出发点是一个特定的问题或需要解决的具体问题（问题为导向的方法）；另一种是针对“环境”的安全问题，即环境为导向的方法。

20世纪90年代末，世界卫生组织（WHO）开始重视社区层面上的安全活动。为了更好地支持各地实施安全促进活动，魁北克世界卫生组织合作中心在专家的研究基础上提出了安全促进行动理论框架，该框架指出：“安全是一种状态，是通过控制危险情况而引发的物理上、心理上和物质上的伤害控制以保持个人和整个社会的健康发展”。该框架提出一个安全的社区必须具备四个必要的条件：

—社会凝聚力、和平与公正，保障人权和自由；

—伤害和其他事故的预防控制；

—对人的价值观的尊重、生理及物质和心理的完整性；

—为各类人群提供有效的预防、控制和康复措施。

在此框架下，安全被视为是一个在发展和保证上述四个条件的前提下对环境和个体的行为产生影响的过程。按照该理论，世界卫生组织提出两种方法来提高安全性，即问题导向的方法和环境导向的方法。问题导向的方法就是针对具体的问题，分析问题的产生原因，制定并采取具体的解决方案。环境导向的方法是在特定的背景下提出问题并研究整套的解决方案。方法选择取决于工作目的，当行动针对的目标是解决一个具体问题时，问题导向的方法是合适的选择，但是如果行动的目标是提高“环境”或区域的安全性，环境为导向的方法就更合适。

在该理论中，一个安全的“环境”是由人口、物理环境、经济和技术基础设施等许多成分相互作用的系统构成的，系统的任一构成部分都有其目的性。“环境”可以是街道、公园、学校、社区、村庄或城市，“环境”是问题、可动用资源的存在场所。“环境”导向的安全工作方法有四个基本特征，分别为整体安全角度、跨界合作、结构化方法、以人为中心。

1. 整体安全视角

采用整体的安全视角是由安全问题本身的复杂属性决定的。安全涉及大量的需考虑的问题，而且这些问题是相互关联的，许多时候具有相同的影响因素。因此，安全工作必须从整体，从全局角度出发，以确保一致的解决方法。要理解安全问题作为一个整体对一个“环境”产生的潜移默化的影响，干预措施是建立在“问题”的相互作用和建议采取的行动的基础上。

2. 跨界合作

基于现实需求，安全工作中涉及众多参与者的工作需要跨界合作伙伴关系，毕竟没有一个部门或组织在实施安全促进时具有所有的专业知识或职能。为了提高一个“环境”的安全性，必须充分地、最大限度地利用“环境”的优势，部门间的跨界合作和协同有利于实现这一目的。跨界伙伴之间的合作关系可以统一相关意见并达成共识。

实现跨界合作可以提高安全促进的效率并增加可用资源，这也是安全社区项目的基本原则。但是，形成真正有效的合作伙伴关系并不容易。

3. 结构化方法

由于跨界合作和整体安全观的需要，“环境”为导向的方法在指导原则不明确的情况下就会让人难以理解。例如应采取哪些步骤、应首要考虑哪些问题、需要优先考虑哪些行动等。使用结构化方法来规划干预措施可以为整个过程提供技术支持，直到行动、策略的实施符合“环境”的实际。该方法涉及系列逻辑过程，以确定在特定的环境中开展的预防活动。它可以提高决策效率，根据“环境”的实际情况选择更有效的解决方案。“环境”为导向的方法为安全促进提出了一个逻辑过程，它可以使合作伙伴共同参与到每个步骤中，共同规划未来并制定下一步工作计划。结构化的方法包括四个阶段：

(1) 动员

动员所有感兴趣的人员，让他们意识到安全的重要性。让合作伙伴跨界合作，以结构化的方法进行动员，一般需要社区组建一个新的机构，如工作小组或委员会等，最好是依托原有安全组织机构组建。

(2) 安全分析

安全分析是指对其自然和社会经济因素进行分析，对“环境”的整体安全性做出分析，包括可用的资源、影响“环境”的安全问题等。需要分析不同因素的相互作用，并对不同的安全问题进行重要性排序。

(3) 行动

行动是指基于安全分析结果制定行动计划，对优先度高、急需解决的安全问题进行深度分析，了解问题存在的深层次原因。行动计划应包括集中有效的干预措施以及解决问题的系列方案，实施行动计划必须对应“环境”的特征。

(4) 测评和评估

结构化的方法需要在每个阶段进行连续地评估，并且各阶段的评估类型可能不同，例如在第一阶段，评估中需要探讨什么类型的障碍可能会妨碍动员及为什么可能出现这样的障碍。一般来说，评估主要是判断活动是否按照原计划执行，特别是它评估的结果是否符合预期，判断行动是否需要修改；它也决定了行动计划是否与安全分析结果一致。一旦行动计划开始实施，也要评估其影响和效果，例如计划是否成功、产生了什么影响，是否达到预期目标、是否有预期之外的影响等。

4. 社会参与

《渥太华健康促进宪章》指出，在提高健康水平的问题上，公众参与的积极性是建立在其认可度上的，居民必须在其生活“环境”的安全问题的解决上有所贡献，需要把“安全”变成居民最关注的首要问题，让居民在各类决策中发挥作用，创造条件让居民参与设计和解决这些问题。安全社区项目采取以“环境”为导向的方法，让居民感受安全问题对他们生活的影响，支持他们为提高“环境”安全性做出贡献。

尽管公众参与背景下的结构化方法是以“环境”为导向的方法每个阶段的要求，但是安全分析和确定需要解决的安全问题的优先度是必要的。虽然公众参与增加了挑战的难度，但也带来很多益处，尤其是可以保障安全分析与公众的关注一致。

考虑“环境”中的多个问题非常具有挑战性，需要严格的分析来识别共同的需求，提出“环境”作为一个整体所接受的解决方案。“环境”为导向的方法可以帮助决策者确定“环境”中需要优先解决的问题；调动整个社区认识安全问题的积极性；更好地理解各种现象或安全问题的相互作用；集中整个社区资源开展安全教育；针对具体安全问题从整个“环境”出发，给出一个全局性的解决方案，如改善公园的照明系统和标志牌可以减少跌倒和犯罪事件的发生，增强居民的安全感。

第二节　安全促进的工作层次模型

人可以分为群体和社区等不同等级，即描述和解释人类行为的关联因素包括朋友和工作环境、与整个社会结构的关系(社会怎样运作的) 以及文化与社会经济环境等。为此，公共安全卫生工作的根本目的是预防人类的疾病和伤害，人类相关联的“外部世界”与“内部世界”层如图 2--1 所示。

安全促进工作的目标就是保持较高的安全性、低的伤害率等成果的持续性。由于人员群体文化、经济环境、生活环境等一直在变化，安全促进工作需要持续改进，并动态调整优化方法和促进措施。在群体、组织、社区以及社会中，人们通过各种方式来进行相互联系和关联，为了针对性的采取促进措施而减少伤害，应对不同层面进行分析并采取相应措施。

为了最大限度地预防伤害，往往需要在个人层面、群体层

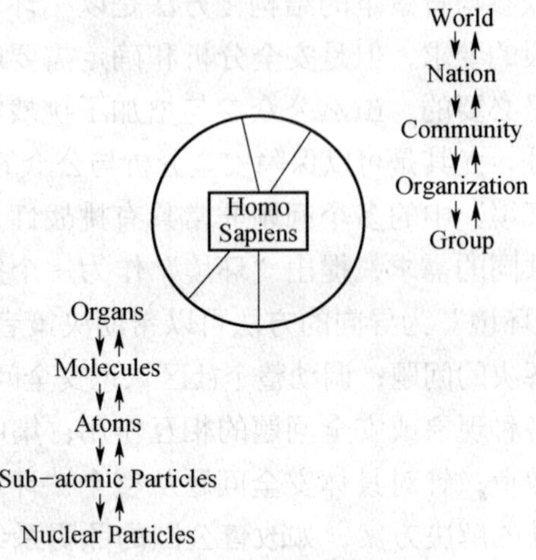

图 2—1 人类相关联的“外部世界”及“内部世界”层

面、组织层面、社区层面、国家层面等不同层面同时开展工作。在每个层面内部，还可分为下列 3 个方面的因素：

（1）单因素（一个因素，例如安全带或者烟雾警报器）；

（2）多因素（同时使用多种安全产品）；

（3）总体（安全层面的改进）。

第一种情况下，只识别和关注伤害的某一个原因或特定原因。在第二种情况下，可以将伤害视为多种因素相互作用的结果，然后采取综合措施进行防范。在第三种情况下，要解决这些问题，仅仅关注发生原因是不够，还需要在整个社会层面找原因，采取整体社会措施。所有伤害措施都可以通过“伤害预防板块”实施，“伤害预防板块”模式如图 2—2 所示。

1. 个体层面

KAP（知识、态度和行为）模型是最为常见的有用模型，健全的知识和正确的态度能产生出令人满意的可持续的行为变

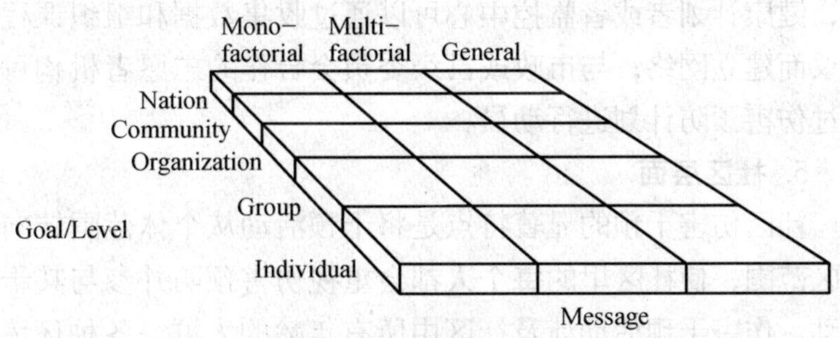

图 2—2　伤害预防板块

化。知识可以改变态度，反过来又可以改变行为。“知—信—行伤害干预”是利用健康促进和行为改变的理论，来实施综合性健康教育为手段的干预，最终的目的是树立人们的良好行为，改变人们的不良行为，预防伤害，促进健康。

2. 国际层面

世界卫生组织不断加强伤害预防和安全促进工作，促使各国将安全促进和伤害预防整合到整体健康促进行动中，强调任何方案的核心都必须放在地方社区行动上。在瑞典的倡议下，“安全社区”的概念于 1989 年正式提出，现在已经成为世界卫生组织全球伤害预防计划的一部分。

3. 国家层面

国家层面的工作受到立法的影响或者在组织联盟之间通过协议执行。伤害计划以及公众伤害预防组织可参与国家层面的检阅或者信息活动。国家层面主要是通过立法、制定相关的安全政策、推行社区为中心的伤害预防计划等发挥作用。

4. 人群层面

针对人群层面的工作旨在激活地方群体或组织，以人口健康状况和地方流行病学、地区先决条件为基础。这项工作可以在区域内或者地方内进行（国家、市政当局、近邻区域等）。例如，健康计划者或者监控中心可以通过收集数据和组织课程或会议而建立网络；与市政或县级委员会合作的志愿者机构可以通过伤害预防计划进行动员。

5. **社区层面**

社区伤害干预的显著特点是将干预活动从个体范围转向了社区范围，使社区里的每个人都会重视伤害预防并参与其干预活动。伤害干预活动涉及社区中所有年龄的人群、各种环境和情况，包括社区内的非政府和政府部门。虽然实际上不可能让人人都参与，但足以形成强大力量，促使伤害干预取得成功。

6. **组织或群体层面**

社会群体总是由很多合作的个人组成，包括一系列活动中的行为或行动。组织以积极方式影响公众安全和健康。所有预防工作应以公众能接受的方式来进行并由其相应机构来宣传，使公众有兴趣参与。公众了解到增加安全措施对于自己而言是重要的，自己的知识在安全建设过程也是有价值的。公众参与某个组织并让它成为合作伙伴，组织为公众参与搭建了平台，包括以合作方式推动变革。

第三节 伤害监测与伤害调查

伤害监测（Injury Surveillance）是指长期不间断地收集不同人群伤害的发生、死亡、伤残和经济损失等资料。其主要目的是阐明伤害类型—人群—时间分布的特点与趋势。伤害监测的目的在于监视某种特定类型伤害的发展变化趋势，掌握有何人、何时、何地和如何发生伤害等详细资料，旨在用于寻找与环境、人群和成本、效益相关的伤害预防与控制方法，确定与特定地点、特定人群相关的伤害发生类型，对伤害控制进行系统评估，从根本上减少伤害的发生。

伤害监测可分为主动伤害监测和被动伤害监测，具体如下所述：

1. **主动伤害监测**

主动伤害监测是根据特殊需要由上级单位专门调查或要求下级单位严格按照规定收集资料，根据专项干预项目的目标，按照项目的要求来收集资料的专题调查。一般是为了评价伤害干预工作的成效，探究某一个人群的安全相关问题，如危险环境的改善或人群的危险行为与伤害发生的关系等。主动伤害监测常常是在伤害普查或基线调查的基础上开展的专题性研究，例如医疗机构的首次伤害患者记录，特定人群和特定场所的伤害监测等。主动伤害监测能够阐明主要伤害类型的危险性、严重性和危险因素，提出有效的预防措施与建议。例如，监测儿童虐待就要通过各种来源，如在公安局、社会服务机构和教育机构的记录，来识别儿童虐待的案例，然后寻找被虐待的儿童及其家长或其监护人和（或）相应的机构，引导访问并进行进一步的追踪。主动伤害监测一般需要大量的人力资源和经济资源，但因监测目的是事先确定的，监测内容是经过精心设计的，能够获得较为客观准确的，并且符合研究目的的资料。主动伤害监测的质量明显优于被动伤害监测。

2. **被动伤害监测**

被动伤害监测是指通过医务人员按照国家规定的疾病报告条例填写疾病报告卡片，并逐级上报来进行的调查，其实就是由专业人员在常规工作中收集相关信息。被动伤害监测可为认识和研究某一特定地区各种疾病的分布、变化趋势等方面提供基本资料。通常，被动伤害监测的花费较少，例如作为一线的医务人员（如医生、护士、随行医务人员等），他们常因法律、行政管理和其他目的要填写各种表格，实际上，这类日常工作就是收集监测所需的各种数据的过程。被动伤害监测是一个经济、便捷获得有关伤害资料的重要途径，要合理利用被动伤害监测资料。同时，也要避免容易出现的监测内容分散、过多的情况，否则既花费很多，又没有获得较客观准确的，并且符合研究目的的资料，还浪费人力、物力以及时间。

伤害监测可以是主动的或是被动的，这取决于研究的需要或资料来源，需注意的是术语“监测”（surveillance）与“调查”（survey）的区别。监测是指一个持续不断的，正在进行的过程，而调查通常与一次事件有关，尽管二者关系密切，但它们是指收集资料的截然不同的两种方式。

伤害调查可通过直接访问、电话调查或邮寄调查表等方式进行，可开展普查或抽样调查，可收集各种类型的伤害资料，是很好的提供人群基础性资料的方法；定期重复的调查，则可以了解伤害发生趋势和变化情况。然而开展一项调查通常需要花费大量的人力、财力，因此调查通常不适于监测伤害发生的趋势。

监测是一项持续进行的活动，是一个机构或部门的日常工作，根据监测的主动性或被动性，目前开展活动的经费几乎无须增加，监测通常是监测伤害发生趋势和评估干预措施效果的最好方法。

社区伤害的调查与监测方法主要涉及以下几种形式：

（1）建立伤害监测系统

伤害监测系统指在国家统一领导下，分别在全国各省、市、区或县的医院、职业病防治部门、交通部门、公安部门、社区、保险业单位、学校、厂矿、中毒防治部门、医疗事故管理部门等多个部门建立伤害监测点，在监测点建立起综合收集各种来源资料的各类伤害基本数据的网络组织，以便可以进行长期连续的收集、计算机录入、分析、结果解释、反馈，并对干预效果评价的系统。

(2) 社区中医疗机构的伤害监测

社区中医疗机构的伤害监测是指在社区的医疗机构中开展伤害监测工作，了解社区伤害的发生情况。此种监测工作适用于具备创伤处理基本条件的社区医疗机构（医院、社区卫生服务中心、诊所等）。当对此类社区进行调查时，以到社区范围内的医院、社区卫生服务中心和诊所中就诊的首诊伤害患者为监测对象，按照要求填写统一的医院伤害监测表格，通过持续不间断地对医院伤害监测资料的收集与分析，可以获得不同时间在社区范围内伤害发生的基本情况。尽管有部分伤害患者可能在社区以外的医院急诊室就诊，但社区中医疗机构的伤害监测资料能够从一个侧面反映社区伤害发生的情况，从伤害患者的诊疗资料中可以分析社区伤害的临床特征、严重程度、医疗费用和疾病负担等。医疗机构的伤害监测需要有关制度、人力与经费的支持。

(3) 社区中医疗机构的经常性诊疗工作记录

社区内医疗机构（如医院、社区卫生服务中心、诊所等）的日常诊疗工作记录能够反映伤害患者就诊情况，如就诊时间、受伤原因、损伤程度和治疗经过等；也可以根据研究目标的需要，根据日常诊疗工作记录进一步追踪访问这些伤害患者，获取更多的有关资料。由于不同医疗机构的记录形式不同，需要对各种日常诊疗工作记录进行整理和分类归纳，并用统一方法记录。日常诊疗工作记录全面覆盖就诊患者的情况，可以获得伤害患者的人数及其在全部就诊患者中所占的比例，了解伤害的分类及其发生频率，这种方法的优点是节约人力与物力，能从宏观上了解社区伤害的主要情况，但不能反映伤害发生时的环境信息和伤害患者的损伤严重程度。

（4）特定人群监测

特定人群监测是指以居委会为单位，采取随机整群抽样的方法，调查社区老年人群、中小学生人群、女性人群或残疾人群的伤害发生情况（过去一年中的受伤情况及伤后情况等）。一般所选择的特定人群是伤害高危人群（容易受伤群体），这些群体是建设安全社区工作中的重点人群，需要探索有效的预防、控制、医治和康复办法。

（5）特定场所的伤害监测

特定场所的伤害监测是指对社区内容易发生伤害的场所进行监测，如在企业中的有毒有害车间容易发生急性中毒，机械工种容易发生手外伤，建筑工地易发生跌伤、坠落伤、撞击伤等；运动场所和娱乐场所易发生运动损伤；江河、沟渠、水塘和游泳池易发生溺水；溜冰场和滑雪场易发生骨折等。对这些场所进行某类伤害发生情况的监测，可以了解特定场所中人群伤害的发生特点，积极采取有针对性的预防与控制措施并评价其效果。

（6）单一伤害类型的监测

单一伤害类型的监测是指针对严重威胁社区居民安全与健康的伤害种类（如交通伤害、溺水、老年跌倒、职业工伤、中毒、自杀、暴力等）开展的主动监测。不同地区的主要伤害类型不同，可先通过伤害发生情况的调查或医院的伤害监测等确定本地区的主要伤害类型，再开展针对主要伤害类型的监测工作，阐明该种伤害发生的危险因素及其发生特点，为预防与控制社区的主要伤害提供基础资料与科学依据，也是社区伤害资料的主要来源。

（7）政府职能部门或行业资料收集分析

政府职能部门或行业资料收集分析是一种被动监测方法，通过资料的收集、汇总、分类和分析，达到监测目的。例如公安交通管理部门的交通事故档案、道路交通事故登记表、犯罪记录；保险公司的医疗保险记录；政府部门（安全监管、卫生、工业、公安、矿务、农业等）工人的补偿要求、年度报告、社会服务系统对儿童虐待事件的报告；司法系统档案（如法院工作记录）；学校记录（如学生健康档案、学生因伤病缺勤记录）等。

第四节　事故伤害预防策略

一、Haddon 矩阵模型

在过去几十年中，很多伤害研究是公共卫生方面的，应用了由 Gordon 在 1948 年提出的伤害研究的流行病学模式，该模式包括宿主、伤害的作用物（能量转移）、能量转移的媒介者及环境。Haddon 矩阵模型则是 1972 年美国原国家公路交通局负责人 William Haddon 提出的一个用于伤害预防和控制的另外一种模型，被流行病学家用来进行伤害事件的分析和预防。该模型除了在交通和公共卫生领域的各类伤害控制中有广泛应用外，对于其他各类型的伤害同样具有重要的应用价值。安全促进领域工作应用的许多模型和框架，大部分都是以 Haddon 矩阵模型作为基础的。

根据伤害发生的阶段，Haddon 提出按伤害发生前、发生中和发生后三个阶段来进行有针对性的预防。表 2—1 是以交通事故为例，根据 Haddon 伤害预防模型中伤害发生的三个条件和三个阶段所建立的预防模型简表。

表 2—1　　Haddon 伤害预防模型简表

伤害发生时间阶段	伤害发生条件	伤害预防主要内容
发生前	宿主	遴选合格司机
	致病因子	上路前车辆安全检查，特别是车闸、轮胎、灯光
	环境	公路的状况及维修
发生中	宿主	司机的应变能力和乘车者的自我保护意识
	致病因子	车辆内部装备（尤其是轮胎）性能
	环境	路面状况与路边障碍物
发生后	宿主	防止失血过多，妥善处理骨折
	致病因子	油箱质地的改善与防止漏油
	环境	车祸急救、消防、应急系统与措施
结局	宿主	伤害严重程度制定和预防死亡
	致病因子	车辆损坏度评价及修复
	环境	公路整治与社会、家庭经济负担

该模型用“三种因素，三个阶段”的理论阐述伤害发生的原因，根据伤害发生的阶段，Haddon 将其分为伤害发生前、发生中和发生后三个阶段，并分别进行针对性的预防。此模型最初只针对交通伤害，目前已广泛使用于各类伤害的研究与控制。该矩阵为人们提供了更好地理解宿主与环境作用的理论模型和工具，并对伤害的预防与控制发挥了较大作用。

运用 Haddon 模型进行的伤害防范工作是一项社会系统工程，涉及卫生、公安、交通、法律、教育、工程设计、宣传等部门，一个部门不可能独立解决日益严重的伤害的发生。针对各个层面的内容进行的干预也不仅仅停留在伤害的防范问题，而应该上升到另外一个更高级的水平——安全促进。不管是单纯的伤害预防还是安全促进，其所涉及的也不仅仅是技术问题，而更多的是一个管理体系。

二、三级预防策略

伤害的研究和防治工作的目的是减少伤害的发生、伤害导致的死亡和残疾，减少伤害造成的损失和社会负担。伤害事前预防主要是加强伤害的三级预防，具体如下：

一级预防旨在防止和减少伤害发生率，即在伤害发生之前采取措施，使伤害不发生或少发生。主动的一级预防是通过信息传递和行为干预，帮助居民提高安全意识、伤害防治常识和自我保护能力，包括利用宣传教育、培养训练、督导强制等方式达到安全促进的效果。认知与行为不相一致是安全促进的主要障碍，从幼儿时期开始培养安全意识并营造良好的社会氛围，可以使年轻人对自己的行为做出抉择和制约。被动的一级预防必须从工程和产品的设计阶段便充分考虑伤害与安全问题。此外，社会和消费者的监督也是必不可少的。一级预防可以通过下列策略来实现：

1. 全人群策略

全人群策略是指针对全人群，如社区居民、工厂里的所有职工、学校中的所有师生，开展伤害预防的健康教育。这一策略的目的是提高全民对伤害危害的认识和预防伤害的重要性的认识，进而提高每个人的伤害预防意识，加强自我保护。

2. 高危人群策略

高危人群策略是指针对伤害发生的高危险人群，有针对性地开展伤害预防教育与培训，如对驾驶员的安全培训等。在美国，酒精教育已列入驾驶员职业教育的内容。对学校学生进行防火、交通安全、防电和防溺水的专题教育，可以降低这些伤害的易发人群的暴露危险。

3. **健康促进策略**

健康促进策略是20世纪80年代由澳大利亚学者提出的环境与健康的整合策略。例如针对工作场所的伤害现象，就可以采取工作场所健康促进项目控制。即通过：①把伤害预防纳入企业政策；②由雇员与雇主共同讨论建立一个安全的工作环境；③通过岗位培训和职业教育加强工人的伤害预防能力；④通过投资改善不合理的生产环境；⑤明确雇主和雇员在职业伤害预防中的责任；⑥共同参与伤害预防活动等，使工作场所的伤害得到了有效地控制。

二级预防旨在降低伤害的死亡率和致残率，即在伤害发生后的自救互救、院前医护、院内抢救和治疗等方面进行预防。伤害者第一时间紧急救护包括就地抢救和院前抢救，是提高生存机会和减少后遗残疾的关键时期。每一个地区都应该建立指挥灵敏、反应快捷、高质高效的院前急救系统（急救中心和急诊室）。

三级预防的主要任务是使受伤者恢复正常功能、早日康复和使残疾人士得到良好的照顾和医治。伤害可能造成3%～5%的躯体功能受损（暂时性失能）和1%的残疾（永久性失能），这些人的康复、治疗和照料是社区卫生保健工作的一项经常性任务。

三、事故预防3E策略

3E策略的理念最早于20世纪70年代由贝克教授提出，其后经过了不断发展和完善，现在的3E特指教育、工程技术和管理，用英文表示为Education、Engineering和Enforcement。根据伤亡事故致因理论以及大量事故原因分析结果显示，事故发生主要是由于设备或装置上缺乏安全技术措施，管理上有缺陷和教育不够三个方面原因而引起。安全技术、安全教育、安全管理三个方面的措施中，技术措施是指提高工艺过程、机械设备的本质安全性，即当人出现失误操作时，其本身的安全防护系统能自动调节和处理，以保护设备和人身的安全，所以它是预防事故最根本的措施。安全管理是保证人们按照一定的方式从事工作，并为采取安全技术措施提供依据和方案，同时还要对安全防护设施加强维护保养，保证性能正常，否则，再先进的安全技术措施也不能发挥有效作用。安全教育是提高人们安全素质，掌握安全技术知识、操作技能和安全管理方法的手段。没有安全教育就谈不上采取安全技术措施和安全管理措施。所以说，技术、教育、管理三个方面的措施是相辅相成的，必须同时进行，缺一不可。

安全技术措施包括预防事故发生和减少事故损失两个方面，首先是从源头消除或降低风险，其次是加强过程管理，最后是人员的个体防护。根据风险评价得到的风险等级，按优先顺序确定设计、维持和改善控制措施的行动措施。

安全教育措施是指对场所、企业和单位各级领导、管理人员及操作工人进行安全思想教育和安全技术知识教育。

安全管理措施是通过制定和监督实施有关安全法令、规程、规范、标准和规章制度等，规范人们在生产活动中的行为准则，使劳动保护工作有法可依，有章可循，用法制手段保护职工在劳动中的安全和健康。

四、伤害预防 5E 策略

国际公认的伤害预防策略包括五个方面：①教育预防策略

（Education），包括在一般人群中开展改变态度、信念和行为的项目，同时还针对引起或受到伤害的高危个体；②环境改善策略（Environmental Modification），即通过减少环境危险因素降低个体受伤害的可能性；③工程策略（Engineering），包括制造对人们更安全的产品；④强化执法策略（Enforcement），即通过法律和公安部门的措施可以确保在人群中维持某些行为和规范的实施，涵盖强制实施法律以创造安全环境、确保安全产品生产和销售的法律和规范；⑤评估策略（Evaluation），涉及判断哪些干预措施、项目和政策对预防伤害最有效，通过评估使研究者和政策制定者知道什么是预防和控制伤害的最佳方法。以上即5E伤害预防综合策略，该策略的有效性在很多国家的应用实践中都得到证明，在减少与控制伤害发生方面发挥了重要作用。

此外，伤害监测、增加人体对危险因素的抵抗力、伤害发生后的及时急救也是减少和预防伤害的基本策略。

第五节 项目评估方法

评估是将客观实际同所确定标准进行比较的过程，是项目总体规划的重要组成部分，贯穿于干预活动的始终。通过对计划和实施进行评估，可以了解目标人群的健康需求，制定适合目标人群的干预计划，寻找最佳干预途径，从而使干预目标、策略、方法具有针对性。通过过程评估，可以及时发现计划实施中的偏差而采取改进措施，并根据不断出现的情况变化做计划调整，对实施过程进行控制，使计划实施按照项目要求进行。通过效果评估和总结评估，可以评估计划的成败得失，从中发现更深层次的问题，总结经验教训，重新开始新的计划。

一、评估类型

按照项目的不同阶段和不同重点，可将评估分为以下四种类型：

（1）形成评估：又称需求评估，它是通过客观科学的方法在项目计划过程中和实施早期对计划内容进行评估，对社区主要卫生问题和影响因素，以及与这些问题有关的社区内的组织机构、政策和资源状况进行确定的过程。通过需求评估，可以为制订干预目标和选择干预策略提供依据。

（2）过程评估：是计划实施过程中的评估。主要作用是动态观察计划执行情况，及时发现存在的问题，以便改进和调整，故又称质量控制。过程评估的目的是确保项目计划真正在实施，而且是按照项目的要求方式在执行。过程评估包括项目执行的所有方面，只有通过过程评估，对项目才能有清晰的了解。

（3）影响评估：又称近中期效果评价，是在定义危险人群中，评估干预在实施期间，认知、信念、技能、行为影响等方面的效果。一般使用确定指标，评估在干预后是否确实出现了希望出现的变化，并确认效果是由这项干预措施引起的。也就是说，影响评估是一种确认效果和措施之间是否有确定因果联系的方法。

（4）结果评估：结果评估对介入措施的长远影响加以评析，而所得结果通常与拟订计划是否达到目标的衡量指标互相对应，是干预对发生率、死亡率以及其他健康状态指标产生的长期改变效果的评估。

常用于道路交通伤害的评估指标有：

1）伤害预防知识知晓率：伤害预防知识知晓率＝被调查者合计答对题数/被调查者应答题总数×100%；

2）伤害行为危险因素发生率：伤害行为危险因素发生率=被调查者合计行为危险因素发生数/被调查者应答行为危险因素条目总数×100%；

3）发生率：在一定期间内，一定人群中，伤害新发生病例出现的频率；

4）死亡率：在一定期间内，一定人群中，死于伤害的频率。

二、评估设计

项目评估计划应该与项目本身同时计划和执行，在设定项目总目标和分目标的时候就应考虑需要评估哪些目标，否则很可能无法评估项目的真实影响，所谓的项目效果就只能是项目实施者自己眼中的效果，不是真实的效果。

要根据项目目标确定采用哪种或哪几种评估类型，相应采取哪种评估方法，从而设定有效的评估问题。例如，项目的一个目标是“目标学校高中生中，非酒后驾驶的人数增加30%”，那么评估调查的问题可以问“在过去一个月中，你发生过几次酒后驾驶行为?”，一般形成评估和过程评估较多使用定性评估方法，影响评估和结果评估较多使用定量评估方法。

一个好的评估计划应该包括下面的框架：

(1) 过程评估计划：通常包括所需信息类型、信息来源、收集信息时间表和收集信息的方法。

(2) 影响评估和结果评估计划：通常包括要评估的样本数量、数据收集要点、定量评估的设计，还要找到一个合适的数据分析方法。

(3) 评估本身的管理和监督步骤：包括对数据收集人员的培训，在数据收集过程中进行质量控制，制定一个收集分析和报告的时间表。

三、评估方法

评估方法有许多种，一般在评估过程中会采用几种方法综合互补进行，评估者可以根据不同评估需要选用合适的方法。评估方法一般可分为量性和质性，两者对解决某类问答时各有优势。要决定采用哪种方式进行评估，先要确定谁是相关人士、什么理由和根据会使他们信服计划切实可行，以及哪类资料是他们所想得到和所会接受的。一般而言，质性方法会用于进展评估，而过程评估及效果评估则会采用定性和定量研究相结合的方法，定量评估和定性评估方法对比见表2—2。

表2—2　项目定量与定性评估方法

定量评估	定性评估
对象人数较多，可类化至较多人口的情况	对象的数目较少
演绎法—客观法；所用科学方法的优点：实验/半实验方法；统计分析	归纳过程—现象研究；对相关情景中的经验得出自然及全面的理解：内容或个案分析
利用有效及可靠的工具收集数据；须遵守指定的行政程序	研究人员本身就是评估工具；程序方面较为灵活
使用标准措施；预先决定回应类别	能对选定问题进行深入和详细的研究
严谨、不变	灵活、具洞察力
所得结果可轻易累积作分析用途，也易于表述	使人明白何谓个人异同；深化理解；具洞察力
或被视为有所偏[illegible]额、预计之内，或受到操纵务求取得某些结果	由业外人士进行聘雇，增添公信力

续表

定量评估	定性评估
数据包括实际数字、人次或人数、项目、系统变化、政策或法例的通过、趋势	数据包括群体或个人的意见或观感、关系、事例评论，素质评估、说明、个案研究、非预期结果
实验条件和设计用以控制或减少外在变量的变化；集中根据限定数目的预定衡量指标进行评估	容许变化和多方向评估

（1）观察法

观察法是一种最为常用的评估方法，通常由评估者在被访者不知情的情况下进行观察，有时候也可在直接参与中进行观察，如在学校听健康教育课的直接参与中观察教师的教学行为、观察步行行为等。观察法也可以用于对干预场所的环境观察，如学校主要场所是否有明显接送学生标记、学校操场是否存在对学生有危险的地方等。

（2）专题小组访谈

专题小组访谈可用于评估的各个阶段，主要用于形成评估和过程评估。一般采取组织不同背景的目标人群分别对相同问题进行讨论，从不同人群中得出对相同问题的全面看法。专题小组访谈的人数一般以 7～10 人为宜，讨论时间以 1～1.5 小时为宜。讨论应精心组织和安排，根据拟定的访谈提纲按顺序进行逐题提问，一般情况下要进行录音。问题多为开放式，避免只回答“是”“否”的问题，要容易理解并围绕主题，一次讨论中设置的问题以不超过 10 个为宜。主持人要控制讨论过程，当讨论内容偏离主题太远时要及时引回主题。

（3）问卷调查

问卷调查通过事先精心设计的调查表进行，可用于评估目标人群知识、信念、态度和行为的变化。设计调查表时必须定义明确，用词正确清楚，变量间的逻辑关系清晰；调查以匿名方式为宜。对于行为的自我报告，有时候可用客观检测法进行验证。如评估学生是否沿着安全路线行走，可以将问卷调查和观察法相结合进行。问题应以封闭式答案为主，这样回答方便，也容易整理和分析。但希望被调查者说出自己的想法时，就要采用开放式问题。调查问题不宜过多，内容应紧扣需要。

(4) 资料检查

资料包括各种政策、制度等文件，活动记录及照片，活动的自我评估记录，平时各种检查表记录，项目过程评估记录等。所有资料的收集应有专人负责，应力求及时、客观、准确。在评估过程中，评估者可进行必要的核实，可同观察法、访谈法同步进行。

(5) 中心拦截法

根据评估需要，可以在干预场所随机拦截若干干预对象，就评估需要了解的情况进行提问，可用于过程评估和效果评估。如是否知道该地正在开展某项活动；是否接受过某种培训，培训内容是什么；是否对该项活动满意等。中心拦截法所使用的问卷应简单，调查时间不宜过长。中心拦截法以其简单易用和在很大程度上能避免人为干扰等优点而被广泛应用。

此外，较常使用的方法还有特尔菲法、头脑风暴法等，常用于形成评估。

第三章 国际安全社区准则解读

第一节 国际安全社区建设准则

1989 年在瑞典及泰国举行的第一届世界预防意外事故及伤害大会上，来自世界 50 多个国家的代表共同发表了《安全社区宣言》，强调所有人类在保持自身健康和安全方面均享有平等的权利。会议期间代表们访问了瑞典 Lidköping 社区及泰国 Wang Khoi 社区并提出了一份报告，通过分析 Lidköping 社区及 Wang Khoi 社区建设安全社区的经验，将如何建设安全社区归纳为 5 项基本原则，即社区组织、流行病学及资讯、参与、决策、技术及方法。这是第一个指导安全社区建设的标准。此后，经过不断完善、修改，形成了“安全社区 6 项准则和 9 项指标”，被称为国际安全社区准则。2012 年，世界卫生组织社区安全促进合作中心制定了《成为国际安全社区网络成员－指南》(Becoming a Member of the International Safe Community Network-Guidelines)，加入了“有以证据为基础的促进项目”(Programs that are based on the available evidence)，使准则成为 7 项。7 项准则如下：

（1）有一个负责安全促进的跨部门合作的组织机构。

（2）有长期、持续、能覆盖不同性别、不同年龄的人员和各种环境及状况的伤害预防计划。

（3）有针对高危人群、高风险环境，以及提高脆弱群体的安全水平的预防项目。

（4）有以证据为基础的促进项目。

（5）有记录伤害发生的频率及其原因的制度。

（6）有安全促进项目、工作过程、变化效果的评价方法。

（7）积极参与本地区及国际安全社区网络的有关活动。

第二节　安全社区建设准则要求

一、组织机构要求

1. 准则条款

有一个负责安全促进的跨部门合作的组织机构。

2. 理解要点

建立这个组织机构的目的在于整合社区资源，以伙伴合作模式自发性地组织起来，集结力量，各施所长，紧密地联系起来。运用各自的资源及服务，为社区内居民提供一个安全健康的工作及生活环境。社区内的政府机构以及职能部门、企事业单位、商贸服务业单位、学校、医院及社会服务团体等按职责分工，承担各自的伤害预防工作。

建设领导机构应在可行的基础上吸纳政府代表，确保为安全促进项目的实施提供政策支持，还应从社团和非政府组织中吸纳成员；通常情况下，可以从当地政府机构、负责社区公共安全的政府部门、能够负责进行伤害记录的地方医疗卫生服务部门、来自医院或者社区的公共卫生机构、应急服务部门和消防部门、交通管理部门、公立和私立学校及其他教育机构、红十字会或者具有相同资质的部门、故意伤害预防团体（如妇女收容所、邻里看护组织等）招募代表。

在建立以伙伴合作为基础的组织结构时，还有一个很重要的机构就是工作组。工作组也可以是项目组（一般而言，项目组是工作组的一部分），其建立在各部门共同合作的基础之上，主要负责社区安全促进和伤害预防项目的具体实施。

3. 基本要求

建设领导机构（可称为董事会、理事会、指导委员会、推进委员会、促进委员会、领导小组）必须确保安全社区项目具有可持续性，对社区安全促进和伤害预防有关的活动、组织机构建设和政策制定发挥积极作用，其包含社区不同部门派出的代表。

社区一般应至少设立 6 个工作组，工作组成员必须清楚自身职责。设立工作组最多的安全类别通常有交通安全、居家安全、工作场所安全、运动安全、学校安全、公共场所安全、儿童安全、老年人安全、犯罪和暴力预防、自杀预防、伤害监测。工作组数量多少并不重要，重要的是安全促进是否覆盖整个社区并为高危人群提供有效的伤害预防。如果社区有少数部门不愿意参与或合作，可以暂不纳入组织框架。

现场认证时，重点考察社区的伤害与控制计划和活动是否真正涉及所有相关部门的共同参加；安全社区是否是在部门密切合作的基础上运作，并发挥各自所长；伤害预防项目计划是否在多部门统一授权的组织机构内呈现最佳运行状态；各部门参与解决伤害问题和提供资源的情况如何，通过合作解决了哪些实质的问题。

考察领导机构时，重点考察当地政府有没有把社区事故伤害预防和控制纳入政府职责，是否承诺有责任牵头形成策略决议及向其提供平台，保障各部门的合作，有效减少伤害发生，减轻伤害负担，实现安全社区的目标；同时看社区相关机构是否能够行使自己的职责去提高社区居民的安全意识和改变不良的安全行为，构建更加安全的社区文化。

二、预防计划要求

1. 准则条款

有长期、持续、能覆盖不同性别、不同年龄的人员和各种环境及状况的伤害预防计划。

2. 理解要点

计划（programs）是以协同的方式获取单独管理所无法取得效益的一组项目，包括许多计划，还包括持续运作的因素。这里可以理解为某个领域内的实施多个项目的集合。安全社区建设的重点在于策划和实施各类伤害预防计划。这些计划应该是在对本社区的情况进行充分调查分析的基础上，针对需要解决的重点问题而策划的控制措施及预防计划。这些计划还应该考虑到不同的情况，如年龄、性别、环境、职业等诸多因素的特殊性及需要。计划应能够长期、持续地进行，并有明确的阶段目标和最终目标。

3. 基本要求

申请社区必须通过组织相关活动，为社区所有人解决安全问题。例如交通安全、居家安全、儿童安全、老年人安全、工作场所安全、自杀预防、防灾减灾等。申请社区应在调查分析的基础上，组织开展各类（包括上述内容的）安全促进和伤害预防活动。

现场认证时，重点考察安全促进活动是否是在有数据以提供决定性证据的前提下开展的，是否因地制宜；公众对开展的伤害防控情况是否清楚；公众是否能及时得到安全促进的信息，安全促进覆盖情况如何；社区居民是否能够得到简单易懂的伤害预防和控制的有关办法和知识；是否改变不良环境；去除伤害危险因素的技术方法是否有效、简单易行等。

三、安全促进项目要求

1. 准则条款

有针对高危人群、高风险环境，以及提高脆弱群体的安全水平的预防项目。

2. 理解要点

高危人群是指容易被伤害或易给他人造成伤害的人群，高风险环境是指那些发生事故概率较高的环境，脆弱人群是指受同等程度的伤害后果更严重的人群，例如建筑工人是高危人群，同时也是脆弱人群，因为建筑工人受到伤害后由于经济条件限制得不到及时的伤害救治。

“两高一脆弱”一般包括：①低收入人群、社区中（包括工作场所）从事高风险作业的少数群体；②容易受到故意伤害的人群，包括犯罪的受害者、自我伤害人员、青少年；③老人、儿童、妇女；④精神病患者、残障人士；⑤参加体育健身活动的人群、流浪人群。

不同的环境和情况下，高危人群和高风险环境有所不同；针对不同的伤害，高危人群和高风险环境也有较大的不同。基于实现计划所策划的项目应针对高危人群、高风险环境和脆弱群体，通过实施项目提高环境安全度，提高人群安全意识与能力，改善脆弱群体的生存质量，减少和降低事故与伤害的发生。

3. 基本要求

社区应该为社区中的高危人群、高风险环境和脆弱群体策划和实施安全促进和伤害预防活动，尤其要针对那些事故伤害率高于社区平均水平的人群。

准则条款中的项目要求伤害预防具有较强的针对性，即项目干预就是要解决特定群体或环境的特定伤害问题的，例如老年人的跌倒干预、留守儿童的关爱等。准则要求对于识别出来的各领域的重点难点问题，都需要进行针对性干预，不能遗漏一些重点问题。

现场认证时，重点考察申请社区是如何确定“两高一脆弱”的；社区做决定的依据是否符合其经济技术条件，重点应放在社区有能力及有办法解决的问题上；项目的针对性在于是否针对社区自身的特定伤害问题；安全促进项目是否得到公众的认可和接受，是否经济可行；项目目标是否明确具体，过程评估和结果评估过程是否恰当有效。

四、项目证据要求

1. 准则条款

有以证据为基础的促进项目。

2. 理解要点

“以证据为基础”“循证管理”来源于循证医学（Evidence-based Medicine，EBM，遵循证据的临床医学），其核心思想是医务人员应该认真地、明智地、深思熟虑地运用在临床研究中得到的最新、最有力的科学研究信息来诊治病人。循证医学提倡将个人的临床实践和经验与从外部得到的最好的临床证据结合起来，为病人的诊治做出最佳决策，强调医疗决策应尽量以客观研究结果为证据。医生开具处方、制定医疗方案或实践指南；政府机构制定卫生政策或医疗卫生政策，都应根据现有的、最好的研究结果来进行。

简而言之，“循证管理”（Evidence-based Management），就是以大量实证和文献分析为基础的管理，是科学管理的具体化。系统综述、实践指南等均属于获取最佳证据的资源。系统综述是针对某一具体问题，系统全面地检索文献，按照科学标准筛选出合格的研究，通过统计学原理处理和综合分析，得出可靠的结论，用于指导具体实践。实践指南是由各级政府、医疗卫生服务部门、专业学会、学术团体等针对具体问题，分析评价已有的科学研究证据，提出标准或推荐意见，可作为处理问题的参考性文件，用于指导具体实践。例如世界卫生组织制定的《暴力伤害预防：证据》《道路交通伤害预防：全球报告》等。我国卫生部制定的《老年人跌倒伤害预防技术指南》《儿童道路交通伤害干预技术指南》等实践指南中还给出证据的等级（见表3—1），对于证据等级为“有效”的措施，可以结合社区实际情况进行采用。

表3—1　　儿童跌倒的主要干预措施

策略和措施	有效	有希望	证据不足
实施多方面的社区综合干预项目	√		
重新设计育儿家具和其他产品	√		
制定运动场地表材料和厚度标准，制定标准限制设施和器具高度	√		
为窗户护栏立法	√		
使用楼梯门和护栏		√	
对危险家庭实施支持性家庭巡查和教育		√	
对父母和保健人员进行大众媒体教育活动		√	
提供适宜的儿科急救条件		√	

续表

策略和措施	有效	有希望	证据不足
通过教育活动提高公众知晓率			√
实施房屋和建筑物规制			√
覆盖井和洞穴，并去除危险物			√

该项准则要求，社区在对具体的项目进行设计或选择促进措施时，需要充分参考国内外已有的研究结果、类似项目的成效，运用最可靠和最可能得到良好效果的方法开展工作。

3. 基本要求

在实际建设过程中，安全社区组织开展的项目策划都需要正确的信息即科学证据来指导，但这些信息却常常难以获得，大多数情况是没有时间和渠道查询。因此，在具体实践中应尽量采用实践指南或法律法规要求中提供的证据来策划项目；同时由于一些针对社区特定问题的个性化项目可能没有证据，就要按照风险管理要求来降低风险；部分项目要求只需部分提供证据或和能提供证据的相关机构建立合作关系。

现场认证时，重点考察社区如何获得“证据”，“证据”是如何利用的；是否推广已经证明有效的促进措施或项目；是否在项目试点基础上总结有效的安全促进措施或项目。社区本身应该尽可能地提出关于解决本社区相应伤害问题的合理化建议。其他地方的解决方式与方法不能照搬照抄，应该结合实际地采纳和借鉴。

五、伤害记录制度要求

1. 准则条款

有记录伤害发生的频率及其原因的制度。

2. 理解要点

尽管建设的关键是组织安全促进和伤害预防活动，但为了减少伤害事故的发生，应尽量确保获取各类伤害事故发生的数据。社区应制定记录各类伤害的工作制度，对社区发生的各种伤害及时、如实的予以详细描述。应在制度中明确记录种类、记录格式、记录方法和记录的管理。通过真实的伤害发生频率及其原因的记录，可以分析发生伤害的数量、类别、原因、分布趋势等特点，有针对性地制定措施或调整安全促进计划，加以解决一些特定伤害。记录是社区伤害监测的重要方法，可以通过医院诊疗记录、社区工作记录等渠道实现。

伤害事故可以根据医疗诊断结果（骨折、脑损伤等）或是外部原因（坠落、暴力等）进行分类。伤害原因分类应首选世界卫生组织颁布的损伤外伤原因分类标准。伤害结果的分类则主要参照世界卫生组织的国际疾病分类体系第10版的内容（ICD－10），对于尚未引入ICD－10的国家，适用ICD－9。一般而言，准确的伤害监测数据来自政府，如政府这方面工作不够，社区应该说服政府建立监测体系，并注意收集相关数据。

3. 基本要求

安全社区建设并不特别要求申请社区必须组建专门的数据分析部门，但是申请者至少应该开展以下工作：

（1）定期了解当地伤害监测数据。如果伤害监测数据不是按年度整理的，则需要在申请文件中注明，并说明能够提供的数据来源以及相应的数据周期。如果所需信息不全，可通过入户调查等方式补全信息。

（2）在数据分析的基础上有效地开展和实施相关活动，以解决社区中最常见的伤害问题。

（3）如有可能，极力建议社区能够与伤害流行病学方面的专家或机构进行长期合作，为社区提供伤害流行病学分析。

入户调查是最经济的数据收集方式之一。一次入户调查收集的数据，可以为社区组织活动提供长期参考。调查中只需向被调查者询问过去一段时间内发生的伤害情况，以及造成的原因、发生的地点等，便可收集足够的信息。过去一年中与伤害相关的入院治疗也是很有价值的分析数据。

现场认证时，重点考察社区伤害数据的收集方法是否简单明了，能否识别社区伤害谱、危险环境、高危人群及其不安全产品。

六、评价方法要求

1. 准则条款

有安全促进项目、工作过程、变化效果的评价方法。

2. 理解要点

项目评估让社区能够衡量他们采取的行动所取得的结果和影响。申请社区需要可测量的指标来指导各项活动的开展，每个项目都需要自己特定的目标，并且可测量。申请社区可以通过干预前和干预后的信息的对比来进行评价。

如果社区设定了清晰而可量化的项目目标，就更容易对项目实施效果进行评估。社区应制定评估安全促进绩效的方法，通过工作过程的监测、环境安全的监测、社区事故与伤害监测效果的分析，完成安全促进结果的监测，评价目标完成情况，评价安全措施实施效果。评估方法包括定期、不定期的安全检查、安全评价、媒体监督、群众满意度调查、不同阶段和时段伤害监测的分析及对比等。评估可以总结经验，发现问题，更重要的是为策划新的计划和项目提供依据。

3. 基本要求

社区应尽量设定量化的目标以引导其开展相关活动。对于每项活动，也应该尽量设定具体的、可量化的目标。据此，可以获取活动前和活动后有关行为变化的信息，可以测量多少人参与该项活动，并从中获益，以及该活动对整个社区安全状况的总体影响。对于此项准则的基本要求包括：

—设定长期的社区安全促进和伤害预防项目目标；

—对具体安全促进和伤害预防措施设定长期目标，并据此对活动效果进行评估；

—建议社区与能够提供评估工作的个人或机构保持合作关系，例如当地的大专院校和研究院所，为社区提供评价方面的支持。

七、活动参与要求

1. 准则条款

积极参与本地区及国际安全社区网络的有关活动。

2. 理解要点

社区应积极参与以互相交流为目的的安全社区活动，通过交流取长补短，促进本社区安全健康工作的发展，交流形式包括外部交流和内部交流。

外部交流包括国际交流活动和国内交流活动。国际交流活动，即参与国际安全社区网络活动，例如每年一度的世界安全社区大会；参观考察国际安全社区。国内交流包括参与安全社区研讨会、经验交流会、安全社区培训讲座及参观先进社区等。按照要求，通过确认的社区如果长期不参与国际安全社区网络的相关活动，将会被撤销“安全社区”资格。内部交流指社区内部各单位、各部门之间的经验交流、情况交流和安全信息交流。

3. 基本要求

申请社区应该至少参加过一次全国性或区域性的安全社区

相关活动，或与安全促进和减少伤害相关的培训活动，以及其他国际间的安全促进活动，如此才有资格申请加入国际安全社区网络。根据世界卫生组织和联合国的定义，区域性的活动指申请社区所属国家或地区所在的大洲的活动，这些活动包括：

—全国性的或区域性的安全社区相关会议；

—与跨国合作伙伴共同举办的安全促进和伤害预防活动；

—在被命名为国际安全社区网络成员之前，申请社区都会被要求参与国际安全促进活动。申请社区必须承诺在成为国际安全社区成员的前三年中派遣代表参加至少一次跨国安全社区会议。此外，国际安全社区网络成员还必须承诺每隔十年参加一次跨国安全社区会议；国际安全社区会议跨年度举行；

—鼓励所有安全社区网络成员申请主办国际会议或研讨会。申请社区也可考虑在举办一次会议或大型活动的基础上，附带举办一次研讨会。会议主办方竞选活动每年举行一次，主要通过在安全社区通信上发布公告的形式开展。

现场认证时，也会对社区参与的经验交流情况及参与安全社区网络活动的工作计划进行了解。

第三节　国际安全社区指标

在总结安全社区建设和发展经验的基础上，国际社区安全促进合作中心在 7 条准则的基础上，又在交通安全、工作场所安全、公共场所安全、涉水安全、学校安全、老年人安全、儿童安全、家居安全和体育运动安全这 9 个方面分别提出了 7 项具体指标。

一、交通安全的指标

(1) 已成立一个由管理人员、工人、技术人员、志愿者组织以及安全专家组成的跨界组织，以伙伴合作模式负责交通方面的所有安全促进事宜，由一名政府代表和一名志愿者代表共同担任负责人。

（2）有交通安全规章制度，这些制度应由跨界组织制定，并被安全社区内的交通部门所采纳。

（3）长期、持续地开展交通安全促进工作，并覆盖到不同的性别、年龄、未采取保护措施的行人、机动车驾驶者、所有交通场所、环境和状况。

（4）有针对高风险人群、高风险环境以及脆弱群体的安全措施。

（5）有记录伤害发生的频率及其原因的制度。

（6）有评估规章制度、项目或措施及其实施过程、变化效果的评估方法。

（7）积极参与本地及国际与交通安全有关的活动。

二、工作场所安全的指标

（1）已成立一个由管理人员、工人、技术人员以及安全专家组成的跨界组织，以伙伴合作模式负责工作场所的所有安全促进事宜，由一名管理者代表和一名工会代表共同担任负责人。

（2）有工作场所安全规章制度，这些制度应由跨界组织制定，并被安全社区内的管理部门和工会所采纳。

（3）长期、持续地开展工作场所安全促进工作，并覆盖到不同的性别、工龄的人员以及各种环境和状况。

（4）有针对高风险人群、高风险环境以及脆弱群体的安全措施。

（5）有记录伤害发生的频率及其原因的制度。

（6）有评估规章制度、项目或措施、工作过程及变化效果的评估方法。

(7) 积极参与本地及国际与工作场所安全有关的活动。

三、公共场所安全指标

(1) 已成立一个由管理人员、志愿者组织代表、技术人员以及安全专家组成的跨界组织，以伙伴合作模式负责公共场所的安全促进事宜，由一名社区行政管理代表和一名志愿者代表共同担任负责人。

(2) 有公共场所安全规章制度，这些制度应由跨界组织制定，并被安全社区内的志愿者组织采纳。

(3) 长期、持续地开展公共场所安全促进的项目，并覆盖到不同的性别、年龄的人员及各种环境和状况。

(4) 有针对高风险人群、高风险环境以及脆弱群体的安全措施。

(5) 有记录伤害发生的频率及其原因的制度。

(6) 有评估规章制度、项目或措施、工作过程及变化效果的评估方法。

(7) 积极参与本地及国际与公共场所安全有关的活动。

四、涉水安全指标

(1) 已成立一个由管理人员、水源开发者、志愿者组织、技术人员以及安全专家组成的跨界组织，以伙伴合作模式负责用水方面的所有安全促进事宜，由一名政府代表和一名志愿者代表共同担任负责人。

(2) 有安全用水规章制度，这些制度应由跨界组织制定，并被社区采纳。

(3) 长期、持续地开展用水安全促进项目，并覆盖到不同的性别、年龄的人员及各种环境和状况。

(4) 有针对高风险人群、高风险环境以及脆弱群体的安全措施。

(5) 有记录伤害发生的频率及其原因的制度。

(6) 有评估规章制度、项目或措施、工作过程及变化效果的评估方法。

(7) 积极参与本地及国际与用水安全有关的活动。

五、学校安全指标

(1) 已成立一个由老师、学生、技术人员以及学生父母组成的跨界组织，以伙伴合作模式负责学校的安全促进事宜，由一名学校董事会代表和一名教师共同担任负责人。

(2) 有学校安全规章制度，这些制度应由安全社区内的学校董事会和社区居委会制定。

(3) 长期、持续地开展学校安全促进项目，并覆盖到不同的性别、校龄的人员及各种环境和状况。

(4) 有针对高风险人群、高风险环境以及脆弱群体的安全措施。

(5) 有记录伤害发生的频率及其原因的制度。

(6) 有评估规章制度、项目或措施、工作过程及变化效果的评估方法。

(7) 积极参与本地及国际与安全学校有关的活动。

六、老年人安全指标

(1) 已成立一个由管理者、老年人、志愿者组织代表、技术人员以及安全专家组成的跨界组织，以伙伴合作模式负责老年人的安全促进事宜，由一名社区行政管理代表和一名志愿者代表共同担任负责人。

（2）有老年人安全规章制度，这些制度应由安全社区内的跨界组织制定。

（3）长期、持续地开展老年人安全促进项目，并覆盖到不同的性别、所有年龄阶段的老年人以及各种环境和状况。

（4）有针对高风险人群、高风险环境以及脆弱群体的安全措施。

（5）有记录伤害（包括意外伤害和故意伤害）发生的频率及其原因的制度。

（6）有评估规章制度、项目或措施、工作过程、变化效果的评估方法。

（7）积极参与本地及国际与老年人安全有关的活动。

七、儿童安全指标

（1）已成立一个由管理者、儿童或父母、志愿者组织代表、技术人员以及安全专家组成的跨界组织，以伙伴合作模式负责儿童安全促进事宜，由一名社区行政管理代表和一名志愿者代表共同担任负责人。

（2）有儿童安全规章制度，这些制度由安全社区内的跨界组织制定。

（3）长期、持续地开展儿童安全促进工作，并覆盖到不同的性别、所有年龄阶段的儿童以及各种环境和状况。

（4）有针对高风险人群、高风险环境以及脆弱群体的安全措施。

（5）有记录伤害发生的频率及其原因的制度。

（6）有评估规章制度、项目或措施、工作过程、变化效果的评估方法。

(7) 积极参与本地及国际与儿童安全有关的活动。

八、家居安全指标

(1) 已成立一个由管理者、志愿者组织代表、技术人员以及安全专家组成的跨界组织，以伙伴合作模式负责家居的所有安全促进事宜，由社区一名行政管理代表和一名志愿者代表共同担任负责人。

(2) 有家居安全规章制度，这些制度应由跨界组织制定，并被安全社区的志愿者组织采纳。

(3) 长期、持续地开展儿童安全促进工作，并覆盖到不同的性别、年龄的人员及各种环境和状况。

(4) 有针对高风险人群、高风险环境以及脆弱群体的安全措施。

(5) 有记录伤害发生的频率及其原因的制度。

(6) 有评估规章制度、项目或措施、工作过程、变化效果的评估方法。

(7) 积极参与本地及国际与家居安全有关的活动。

九、体育运动安全指标

(1) 已成立一个由管理者、运动参与者、技术人员以及安全专家组成的跨界组织，以伙伴合作模式负责运动场所的安全促进事宜，由一名运动组织代表和一名运动参与者代表共同担任。

(2) 有体育运动安全规章制度，这些制度应由跨界组织制定，并被安全社区的运动组织所采纳。

(3) 长期、持续地开展体育运动的安全促进工作项目，并覆盖到不同的性别、年龄的人员、运动场所、环境和状况。

(4) 有针对高风险人群、高风险环境以及脆弱群体的安全措施。

(5) 有记录伤害发生的频率及其原因的制度。

(6) 有评估规章制度、项目或措施、工作过程、变化效果的评估方法。

(7) 积极参与本地及国际与体育运动安全有关的活动。

虽然9项指标每一项都从7个方面提出了要求，但实际上，除了指标不同外，要求却是具有共性的，即其原则要求是相同的。

9项指标第1条都要求成立一个跨界组织，以伙伴合作模式负责安全促进事宜。跨界组织成员包括管理者、技术人员、安全专家、与该指标相关的人员，如志愿者、居民代表、驾驶员、学生等，负责人也由与该指标有关的管理人员和工作人员（或参与者）组成。成立这样一个组织的目的是具体执行安全促进项目，实施事故、伤害预防项目和伤害干预措施。其组成人员都是该指标的管理者、参与者、专家和有关人员。他们了解该指标在本社区的状态、存在的问题和群众需求，懂得应如何改进，是安全社区计划和项目实现的主要力量。

9项指标第2条都要求由跨界组织制定与该指标相关的安全规章制度，并被社区管理部门或相关组织采纳。社区首先要遵守国家和地方的法律法规和规章制度，这些规章制度是普遍适用的。但是，每一个社区都有其自己的特点，有的需要加以规范要求以避免伤害的发生。社区跨界组织应当根据社区实际情况，制定相应的，适合于本社区安全管理工作的安全规章制度，并要求社区居民共同遵守。

9项指标第3条至第7条要求的内涵与6条准则的第2项至第6项基本一致，都要求有针对高风险人群、高风险环境以及脆弱群体的安全措施，有记录伤害发生的频率及其原因的制度，有评估一定阶段伤害发生情况的项目或措施、工作过程、变化效果的评估方法，要求积极参与本地及国际与安全有关的活动，只是限定在该指标的范围内。这说明，安全社区的 7 条准则贯穿于安全社区建设的所有方面。

9 项指标提出了安全社区应该考虑的 9 个方面的工作，但并非是全部的工作，重点开展哪一方面的工作应该根据社区自身实际情况而定，另外也可以考虑根据实际情况增加工作内容。例如中国的安全社区在以上 9 个方面的基础上，又增加了社会治安、消防安全、防灾减灾和环境安全等方面。

第四章 国际安全社区建设程序

第一节　安全社区建设程序

安全社区建设是一项系统工程，会涉及社区方方面面的工作，必须做好建设过程中的每一项工作才能保证建设工作质量。安全社区建设一般需要经过领导决策、成立跨界组织机构、举办建设安全社区启动仪式、开展安全社区准则培训、社区安全诊断、建立并完善各类工作机制、制定工作目标和计划、策划实施安全促进项目、评估与持续改进、提出认证申请等基本步骤，具体如图 4—1 所示。

1. 策划与准备

（1）领导决策、条件保障

领导重视与否是决定安全社区建设质量的关键所在，也是安全社区建设的先决条件，其中社区主要领导的作用更为关键，安全社区建设应当作为“一把手”工程来抓。社区主要领导还应保证在建设过程和维护过程中给予人、财、物各方面的支持和帮助，保障安全社区建设能够顺利、长期进行。

（2）成立跨界组织机构

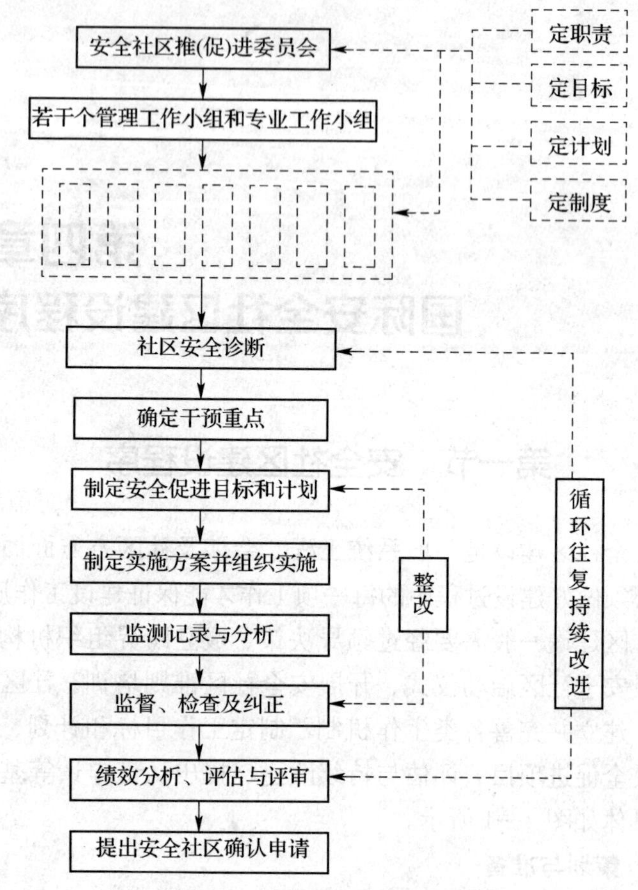

图 4—1 安全社区建设工作流程

当社区做出启动建设决策后，首先要从组织上落实和保证决策的贯彻实施，为此社区需要成立组织机构体系来负责开展建设工作。建设组织机构一般包括领导机构、协调机构和执行机构等。成立安全社区建设领导小组作为准备工作的核心，社区管理机构负责人担任领导小组负责人，职能部门、辖区重点单位的主要负责人作为成员。其职责为确定推进组成员，负责相关的准备、策划和建设工作，保证建设工作的优先实施。

(3) 举办启动仪式

开展建设工作，应当充分调动全体成员的广泛参与，应举办启动仪式，同时通过发放工作文件、告居民书、张贴安全社区理念、通告各有关单位等各种形式的活动宣传创安工作，提高创安知晓率，提高公众的参与意识，促进公众对建设工作的理解和支持。

(4) 开展安全社区准则培训

在建设工作开展之前，建设组织机构成员应接受有关建设工作标准及相关知识的培训。标准培训包括对社区领导、建设骨干和全员的培训，使大家掌握安全社区建设方法和理念。安全社区建设的初期培训分为三种：一是对领导小组成员的培训；二是对推进组（建设办、工作小组）成员的培训；三是全员培训。

领导在建设安全社区的工作中处于关键地位，发挥着主导作用。只有领导理解了安全社区建设的目的意义和标准，才能真正把建设安全社区的工作放在重要位置，才能做出应有的承诺，才能有一个好的开端。另外，安全社区推（促）进委员会及相关部门负责人承担着安全绩效评审的职责，也需要对标准有深刻的理解。对领导小组培训的主要目的是提高领导层对建设工作重要性的认识，使其了解建设工作的意义和作用，了解整个建设过程，知道自己在整个过程中应该做什么、应该给予建设工作什么支持。

各专项工作小组成员是建设安全社区的骨干力量，担负着建设、维护和保持安全社区的重任。只有全面地、深入地理解标准，安全社区建设才能够得以正确规划和运作。因此，对各专项小组成员的培训应详尽、全面、深入。培训的主要内容包括：①流行病学知识，如伤害流行特点、趋势、病例报告、资料整理和分析等；②伤害监测知识；③安全教育、行为干预等的推广应用；④事故伤害预防策略；⑤项目策划方法及实施步骤等。对这类人员的培训重点是必须让他们知道如何做好自身与建设工作有关的事。很多社区建设工作中最常见的问题是整个建设过程由建设办或推进办全面包办，结果是使建设工作变成了形式主义、走过场。

安全关系到千家万户，与每一个人都紧密相关，进行全员培训是非常必要的。鉴于社区部门和单位众多、人员分散、不易召集和管理等困难，要因地制宜，采取各种形式广泛、深入地开展培训工作，如利用专栏、媒体、网络、分发宣传品或发布告居民书等方式方法，争取做到人人皆知，人人支持和参与，创造良好的氛围和运作环境。全员培训可由安全社区推（促）进委员会统一策划组织或由工作小组具体实施。全员培训的内容主要为创建安全社区的意义、目的，安全社区的基本知识，每一个社区成员应负的责任和应尽的义务等。

2. 现状评审与社区安全诊断

现状评审是建设工作开展的基础，对于刚启动建设工作的社区而言，应进行一次现状评审，明确社区的安全现状，对社区区域内的安全问题、事故伤害风险及有关安全管理活动进行初始状态分析，对照国际安全社区准则，明确哪些方面是社区安全促进中亟待改进的薄弱环节，哪些方面需要进一步加强。

社区还应对区域过去和现在的安全信息、状态进行收集、调查和分析，开展风险辨识评价等，充分了解安全促进现状，包括部门合作状况、专业人员能力与水平、居民的安全意识和能力，明确安全促进重点。

3. 建立并运行工作管理机制

建设工作是一项综合性和社会性的工作，涉及面广、难度大、任务重，要持之以恒地做下去，必须建立各项工作机制，保障各要素的实施运行。社区应在现状评审的基础上，建立跨界机构伙伴协商机制、安全促进项目策划和实施机制、事故伤害监测记录机制、项目评估和整体工作评审机制，使国际安全社区建设在各个环节均有章可循，以保证安全社区的良性运行，并符合国际安全社区建设准则要求。

同时，应在对各运行机制进行充分策划和设计的前提下，对建设工作需要的文件、工作制度进行编写或修订并予以发行，使工作机制通过工作制度固化下来，便于各部门执行和操作。对于文件的结构，社区应根据自身的特点进行设计，应该立足社区的需要，考虑原有文件或制度的特点。

4. 制定安全目标和计划

社区应根据有关法律、法规及自身的特点设定明确的目标，包括社区整体安全目标、风险控制目标和伤害控制目标。社区的安全目标应合理、可行，尽量具体。要有针对性，明确要解决的问题，尽量予以量化。确立目标时应重点考虑持续改进社区居民的安全意识、安全行为和内外安全状况几个方面，保证通过建设工作持续不断运行，达到最佳的安全绩效。同时，社区应制定相关安全计划，确定实现目标的途径和方案。

5. 策划实施安全促进项目

为了实现事故与伤害预防的目标及计划，社区应针对事故与伤害特点及居民安全需求，开展多种形式的安全促进项目。按照国际安全社区建设准则要求，安全促进项目分为两种类型：针对所有人群、环境和不同年龄段人群策划实施的项目；针对高危险人群、高风险环节和弱势群体的安全促进项目，从而实现“人人都平等享有安全与健康的权利”。

在策划项目时，应尽量依据客观“证据”和考虑已被证明行之有效的干预措施，提供促进工作的效能。在实施项目时，应尽量进行试点并评估、总结和改进其相关经验，逐渐扩大促进工作覆盖面。

6. 运行及调整

当安全社区建设开始后，要对运行过程、工作机制的策划实施情况、重点项目策划实施、建设效果等进行评估，若发现存在一定缺陷需要及时修订，则应该进行及时调整。

7. 评审与持续改进

社区应每年组织评审，评审内容应包括安全目标和计划、安全促进项目及其实施过程、安全社区建设效果，确定应持续进行或应调整的计划和项目，为新一轮安全促进计划和项目提供信息。应根据国际安全社区建设准则，对社区安全促进工作进行评估，查找需要改进的问题，明确下一步工作的方向。评审可以依靠社区自身的人员组织进行，也可以聘请外部有能力的技术服务机构或人员参与进行。

8. 提出认证申请

当社区根据安全社区建设的实际情况，对照国际安全社区建设准则并认为符合要求，应按照国际安全社区申请程序和要求递交申请和申请工作报告，邀请世界卫生组织社区安全促进协作中心选派国际安全社区审核员对社区进行现场认证。认证申请程序见第六章。

第二节 安全社区建设关键环节

一、跨界组织机构设计

跨界组织机构一般包括领导机构、协调机构（推进机构）和执行机构等。领导机构即安全社区推（促）进委员会（或称之为督导委员会或领导小组等）。

安全社区推（促）进委员会一般由社区所在地政府负责安全社区建设的部门牵头，如安全生产监督管理局、民政局、街道办事处、综合治理办公室等，相关部门如安全生产监督管理局、民政局、消防部门、街道办事处、居委会、社区服务部门、医疗救助部门、学校、公安部门、交警、企业、社会组织、物业管理等单位的领导及企业家、专家共同参与组成，形成跨部门合作机制。人员数量依据实际情况而定，安全社区推（促）进委员会是一个非常设机构，其构成应基本涵盖社区内的各类资源，各成员自愿参与其中并保证能够发挥应有的作用。

安全社区推（促）进委员会内设办公室，负责建设工作的日常管理工作以及与各工作小组的联络和协调工作。人员专职、兼职均可，但应相对稳定。建设办核心的作用是统筹建设工作，推进各项工作开展。

安全社区推（促）进委员会应在对本社区充分调查、分析的基础上，根据社区的具体情况和目标要求，设立若干个工作小组，专门负责某一（或几个）专项的安全促进工作。工作小组成员由社区管理者、志愿者组织代表、有关技术人员、安全专家、该专项相关人员（如学校安全组应有教师、学生和学生家长，老年人安全组应有老年人）组成，形成资源整合机制。

这些工作小组是安全社区建设的中坚力量，也是安全社区维护和持续运行的具体实施者。

设置几个专项工作小组并没有统一的模式，社区应根据自己的实际情况，如人员构成、地域环境特点、主要安全问题和工作重点等确定工作小组的设立数目。在设置工作组时，可以根据社区安全工作重点和工作量，成立若干个工作小组或项目组，例如根据安全类别设置工作场所安全、消防安全、交通安全、居家安全、老年人安全等工作组；按照重点工作来设置预防农药中毒项目组、防宠物伤害项目组、居家燃气安全项目组、山林防火项目组、留守儿童安全项目组、儿童预防溺水项目组、弃管小区安全项目组等。

如果社区人员不多，机构比较简单，也可以只设一层机构，即安全社区推（促）进委员会或若干个工作小组。总之，机构设置一定要根据实际情况而定，注重内容而不是注重形式。值得注意的是跨界机构设计的基础是资源共享，资源的权属关系无须改变，但在各方默认的机制下完全开放，安全社区建设中的资源共享并不仅仅局限于政府行政组织内部的资源整合，更强调重视和善于开发、整合各类广泛的潜在社会资源。我国传统的社区办事机构，例如乡镇政府、街道办事处的工作机构基本设置是根据职能专业化要求并按职能分工的，其日常管理的方法是线性管理，很难符合安全社区这样既有日常运行管理，又有项目管理的体系建设工作的需要，导致建设工作中存在横向协调、配合难度大等问题，必须建立矩阵组织将职能组和项目组有机地组织在一起。矩阵组织把项目目标、职责和权限，通过职能管理系统和项目管理系统这两个相互依存、共同协作的管理系统，逐级落实到从事该项目的个人。事实上，社区原有的工作机构仍然存在，矩阵式结构只是添加在原有架构上的横向系统。基于工作需求，在实际工作过程中，应在原有机构基础上建立矩阵式项目组织，围绕工作流程而不是工作职责简化纵深管理层次，面向工作需求来搭建合理跨界工作机构。安全社区矩阵组织示例如图 4—2 所示。

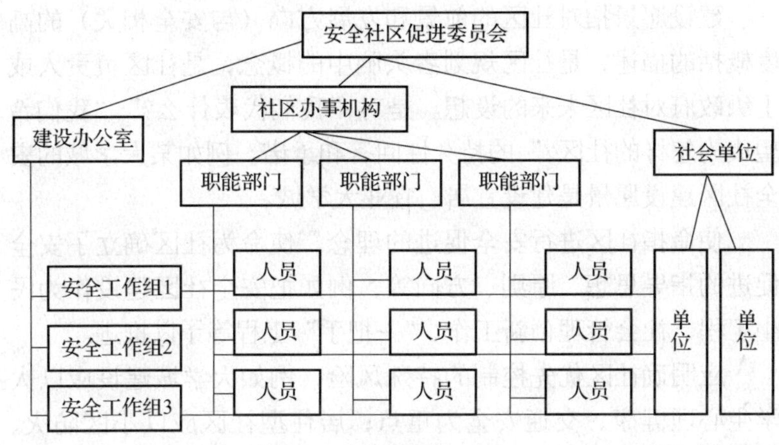

图 4—2　安全社区矩阵组织示例

社区应动员一切力量（包括社区组织、家庭和个人），社会组织、大学和研究机构、大众媒体和私营部门都应为安全社区建设提供投入或有效参与其中。社区应发展一种跨社区、跨部门、跨机构、跨领域的政策环境，建立由政府牵头的强大的多部门合作的组织政策架构和推动计划，确保多部门的合作以及筹资计划来加强正轨和非正规安全计划中的伤害预防与控制方案，明确规定私营部门、社会组织和个人的预期作用，以保证安全社区项目的顺利开展。

社区应认识到安全社区建设的复杂性和持续改进性，应由安全社区领导机构制定推动安全社区建设的长期规划和阶段性计划。规划和计划应在实施过程中不断完善。

社区应明确安全社区建设工作愿景、使命和工作目标。愿景、使命和工作目标应切合社区特点和实际，反映需要优先控制的特殊风险（例如，大学城和农村的风险就有较大不同）；含义清晰明了，并被社区全员所知晓和理解，便于集中整个社区的力量开展建设。

建设愿景指对社区的前景和发展方向（与安全相关）的高度概括的描述，是社区规划者头脑中的概念，是社区负责人或上级政府对社区未来的设想。是对“我们代表什么?”“我们希望成为怎样的社区?”的持久性回答和承诺。例如某大学城的安全社区建设愿景是建设宜居、宜业大学城。

使命指社区进行安全促进的理念。使命为社区确立了安全促进的指导思想、原则、方向等，例如把安全社区建设作为民生工程、社会管理创新工作、“一把手”工程等予以推进。

应明确社区优先控制的特殊风险，例如大学城建设应以大学生心理健康、交通安全为重点；居住型社区应以小区防火、民生服务等为重点。建设总目标包括事故伤害控制目标和工作目标等，围绕总目标，可就一些方面的工作设立工作目标，例如按照职能划分，交通、消防、工作场所等工作组就可提出定性和定量的要求，作为具体目标。

同时应确保安全社区项目成为计划和实施以下各方面工作的重要组成部门，包括安全生产、卫生保健、农村和城市发展、城市规划、应急管理等；安全社区项目应尽量和“文明城区”“平安社区”等建设结合起来，整体推进。

二、社区安全诊断

1. 社区安全诊断的定义

社区安全诊断也可以称为社区安全评估，是运用安全社区项目管理模式的安全现况调查和安全信息监测手段，对既定社区相关安全方面进行全面的信息收集、整理、分析，做出普适价值的综合判断，以得到主要或需要优先解决的不安全问题的过程。

社区安全诊断从国家或地区的社会、经济和文化背景中分析伤害的流行，确定本社区伤害预防和控制的优先问题与干预策略的最基本数据来源。它是制定疾病防治战略规划的第一步骤，为建设国际安全社区最重要的、最必不可少的背景资料。它首先要了解什么样的人受到了伤害的危害，并解释这些人为什么容易受到危害。它不仅要从人们的生物和社会特征解释伤害的流行，也试图从社会、经济和文化环境中找出这些特征的决定因素。

社区安全诊断和风险辨识评价的差别类似于前面所说的“环境”导向和“问题”导向的差别，社区安全诊断侧重从社区整体上的诊断评价，辨识出影响整体安全的重点问题；而风险辨识评价更加侧重于具体风险源的辨识评价。

2. 社区安全诊断范围和指标体系

(1) 收集相关的经济发展、地理环境及其人口统计学信息及安全基础信息。如近3～5年人口、流动人口等统计学信息；年龄与性别人口构成；居民的职业、文化程度和民族构成情况；社会发展状况（例如处于农转非过程中）；地理位置、气候特点、道路概况、特殊的风俗习惯等地理环境信息；社区安全管理、应急救援（如消防站的布局及覆盖情况、报警点、急救中心设置)、规划布置等安全基础信息。

重点是收集与安全管理、促进密切相关的区域的特殊构成，包括社会单位构成与工业商贸网点分布等影响社区安全的基本信息。例如辖区有5A风景旅游区、古城；城乡接合部中“三无小区”“弃管小区”的数量及分布；高层楼宇、重大危险源的数量及分布；高危行业企业的信息及特点等；社区特点及可能影响社区安全的因素。

（2）现有安全措施、工作机制的适应性和有效性。例如现有安全组织机构设置、职责划分及其适用性；生产安全、交通、消防、社会治安等的机构设置、工作队伍建设情况等是否符合工作需求；基层安全模式、网格化管理、分级分类管理、安全宣传教育培训等基础安全管理及实施情况；安全现状与相关法律、法规、标准及上级要求的符合程度（重大危险源是否采取有效措施等）；社会组织参与及提供的安全服务情况；居民对各安全促进资源和服务的需求及响应满足情况等。

（3）居民安全知识态度和行为（KAP）。调查 KAP 的目的是为了了解被调查者的安全知识水平，是否持有安全态度，是否具有辨识行为危险因素的能力，例如各种安全知识的知晓情况、对各种安全知识持有的态度、对各种安全行为的持有情况等。其目的是获得社区居民的安全知识水平、对伤害预防与控制的相关态度以及危险行为情况，是进一步开展社区安全促进活动的效果比较与评价分析的重要依据。KAP 的重点是辨识出辖区特点导致的居民不安全行为，例如上山祭祀烧火习惯、小区消防通道停车堵塞等。

（4）伤害情况包括伤害发生人群的年龄、性别、职业、婚姻、文化程度等构成，伤害发生的时间和季节，伤害发生的处所，伤害发生的部位，伤害发生的严重程度，伤害的种类，伤害发生的动因、致残率、致死率等。

（5）社区各阶层的安全诉求，指对社区各方面的安全诉求（治安、交通、消防、医疗、卫生、居家、道路、用电、用天然气等）。

（6）社区各阶层对安全工作的参与和认可程度等，指居民对社区安全工作的参与程度，社区居民和各阶层人士对社区安全工作的满意度、安全感等。

3. 社区安全诊断的“三个层面”

在企业里，安全管理要求的风险辨识评价是个经常性、结构化、程序化的工作；而从风险辨识评价角度而言，社区是个涉及交通安全、工作场所安全、消防安全、社会治安安全、居家安全等多方面的复杂系统。各类危险隐患数量众多，种类五花八门，隐患的存在具有大量的重复性，统一管理和统一辨识几乎不可能。即使就单个领域安全而言，要全面辨识出该领域的危险因素并策划风险控制措施，也是不太现实且无必要的。

正如安全诊断所定义的那样，安全诊断是对社区整体安全状况进行诊断，从而得出主要或需要优先解决的不安全问题的过程，但是社区是个区域，风险繁杂，不可能像企业或常规风险评价那样进行辨识并策划风险控制措施。为了便于社区开展安全诊断，这里把社区事故风险辨识或安全诊断分为三个层面：

一是对社区安全整体进行诊断，了解社区安全的方方面面，了解社区的重点安全领域，例如居民型社区要侧重消防安全、交通安全等。

二是要确定各领域的重点问题，这些领域包括工作场所安全、交通安全、学校安全、消防安全、家居安全等十二个领域，每个领域的安全都是涵盖人、物、管理的复杂体系，为使安全促进项目策划更有针对性，必须确定每个领域的问题；例如家居安全中的居家燃气安全问题、动物咬伤问题、家庭暴力问题等，每个问题应尽量具体，包括问题的存在范围、对象、具体的问题等。第二个层次就是要确定各领域的重点问题（需要进行干预的问题）并根据问题的严重程度进行排序，例如在居家安全领域中，按照问题解决优先程度排序为：居家燃气安全问题≥动物咬伤预防问题≥家庭暴力问题。

三是对重点问题进行确定，了解这些问题的严重状况。社区中的安全问题和企业或某个场所的问题不一样的特点就是社区危险因素具有广泛性，例如居家燃气存在泄漏导致火灾、爆炸、中毒的风险，但是每个社区存在的居家燃气问题状况是不一样的，例如用气模式、人群特点、房屋特点等可能存在较大差异。为了使策划实施的干预措施更有针对性，必须对这些重点问题进行评估，了解潜在的风险因素及分布状况，从而有针对性地制订工作计划。社区安全诊断“三层面”如图 4—3 所示。

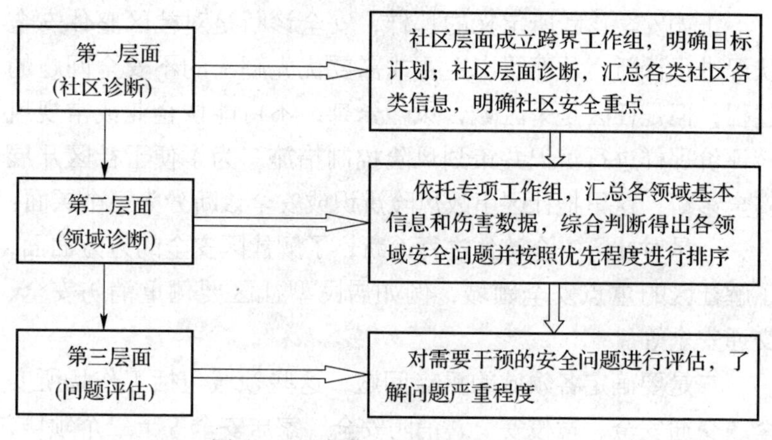

图 4—3 社区安全诊断“三层面”

4. 社区安全诊断步骤

社区安全诊断可分为几个步骤进行，一是现状调查与诊断(如安全网络构建情况，工作机制的充分性，适应性及执行情况，事故伤害情况等)；二是对标分析，对调查结果进行分析评估，分析现有安全工作和法律法规、风险管理要求的差距，准确诊断哪些方面是社区安全建设中亟待改进的薄弱环节，哪些方面是需要改善加强的，哪些方面是需要彻底改变的，从而确定建设工作重点；三是确定事故伤害干预重点。

第一步：创造必要的条件。授权成立安全诊断项目组，成员由地方政府、相关职能部门、社会组织等不同单位代表构成，明确其工作职责。

第二步：开展诊断，收集信息。各部门或安全工作组分别收集各领域相关数据，包括社区的地理、人口、经济和自然条件，人群居住特点，居民 KAP 信息，流行病学数据，安全教育与组织，安全管理与政策的执行情况，风险辨识结果等。收集信息的渠道包括两种：利用现有资料（整理和分析），运用定性方法收集资料（专题小组讨论、访谈、咨询）；运用定量方法收集资料（抽样调查、普查），综合各类信息来识别分析可能影响社区安全的社会和自然因素。这些信息可以划分为两种，一种是社区基本信息（总体），二是各领域安全信息。

按照国际安全社区建设准则的要求，可以把社区安全划分为交通安全、居家和休闲安全、儿童安全、老年人安全、工作安全、暴力预防、自杀预防、灾害预防与应急响应、公共场所安全、医院安全、体育安全、涉水安全、学校安全等十三个安全领域或类别，基本上社区安全的相关内容都包括在内。诊断时，应参照十三个领域进行划分，当然也可以根据实际情况进行更改，但安全类别划分不能太简单，也不能太复杂，尽量彼此在性质上相对独立。为了使实施诊断工作更加便利，可以按照主管部门的性质划分安全领域或类别。

在划分安全领域或类别的基础上，进一步按照不同领域的实际情况对各安全领域进行再划分，如①按时间区分，也就是按年、季、月、日来区分；②按地点区分，也就是按位置、工地不同来区分；③按人群区分，也就是按性别、年龄来区分。

例如交通安全领域可以划分小区交通安全、重点路段安全、校园交通安全，也可以按照人群和车辆类别进行划分，可划分为居民交通安全、学生交通安全、驾驶员安全、重点车辆安全等；家居安全按照居民生活形态或人群细化分解，可划分为燃气安全、动物咬伤预防、老年人关爱服务、独居老人帮扶等。

为了确保各领域安全诊断的充分性，各领域应采取合适的方法来划分单元，例如儿童及学校安全按照家居安全、上学交通安全、学校学习和生活安全、放学交通安全、假期家居安全来分析各阶段可能存在的事故伤害风险，分析危险因素及分布、现有措施的有效性及评价结果的接受程度。老年人可以按照日常生活起居过程划分单元，例如家居、购物、娱乐等。

交通安全的一般划分按照构成要素可划分为人、路、车、管理四个要素，然后再划分更加细致的单元，例如，车可以划分为运输车辆、电动车、校车等，也可以按照从车辆启动、出行、停放等过程划分单元。

消防安全可以按照场所类型划分为危化企业、商场及娱乐场所、小微企业等。

工作场所安全可以按照企业规模类型划分为小规模以上生产企业安全、小装潢施工安全等。

第二步的目的就是要开展全方位的诊断，使社区了解辖区的所有事故伤害风险。

第三步：分析所获信息，确定重点问题。例如流行病学分析，风险辨识评价结果分析，居民 KAP 数据分析、安全需求调查数据分析等。通过各类数据的收集、处理，结合社区整体安全状况分析，确定各安全领域需要优先解决的问题并进行排序；之后列出社区总体需要优先关注的问题和各领域优先解决问题的名单。

分析社区伤害谱发现本社区应主要解决的伤害问题，包括伤害的主要死因、伤害疾病负担的主要原因、社区发生情况严重的伤害种类、与这些发生和死亡相关的主要危险因素。

社区是个区域，各类安全问题众多且复杂，不可能对所有的问题同时进行干预，第三步的目的就是确定各个领域的重点问题。以儿童及学校安全为例，按照家居安全、上学交通安全、学校学习和生活安全、放学交通安全、假期家居安全来分析各阶段可能存在的安全问题，可能一些环节上的安全问题当前并不严重，伤害并不常见，即使发生后果也很轻微，并已经采取有效措施，那么就可以归为“中度风险”“低度风险”，并不需要作为干预的重点。

第四步：前面三步结束后，可能还需要对优先解决的安全问题进行补充诊断和进一步的识别分析，进一步了解各特定问题的基本情况（如危险因素分布、现有工作措施及实施情况、可能的保护措施），这里的诊断和辨识就要求更有针对性。

例如通过居家安全领域整体形势分析、居民伤害数据分析等，初步确定了居家燃气安全、动物咬伤预防是需要优先解决的问题，但对这些问题的危险因素及分布、已采取的措施、可选择的干预措施等尚不是很清楚，就需要在原来的基础上开展进一步分析，开展居家燃气安全人检查、居民燃气安全 KAP 调查等，全面掌握安全状况，并了解可选择的干预措施。

第四步主要由各项目组完成，目的是了解各类重点安全问题的“底数”，类似于我们平常说的“调查摸底”，了解重点问题处于一个什么样的状况，可能导致事故伤害的重点环节和主要原因是什么，从而可以针对性地策划项目和采取措施。

第五步：做出诊断，编制安全诊断报告，包括社区重点干预对象、社区需要优先解决的安全问题等；并依据相关因素进行排序，例如依据对伤害疾病负担的严重程度排序，事故风险程度高、该类型伤害致残致死率高、与该事故伤害相关的危险因素分布广、该 KAP 与伤害结局关系密切等都是排序的优先因素。此外还包括各特定安全问题的基本信息、其他机构认可诊断结果、综合防治策略及措施等。

社区安全诊断步骤及内容见表 4—1。

表 4—1　　社区安全诊断步骤及内容

步骤	工作组	内 容
1	建设办	草拟工作意向计划，专家领导论证；广泛动员和组织安全诊断
2	建设办	汇总社区自然和社会信息数据，分析社区安全形势和影响社区安全的相关因素，确定社区安全重点领域
3	工作组或项目组	各安全领域开展领域安全诊断，汇总各领域基础信息和事故伤害数据，了解居民安全需求，确定各领域需要干预的重点问题； 综合法规、上级政府要求、经济条件、外部因素、干预的可行性，对需要干预的问题进行优先度排序
4	工作组或项目组	认定及细化问题，通过问卷调查（可能需要专门进行设计）、安全检查等多种方式对确定需要干预的安全问题进行评估，了解特定问题严重程度（危险因素分布、现有工作措施及实施情况），例如居家燃气安全问题需要燃气公司、居委会等了解居家燃气使用模式、燃气安全使用状况、居民燃气安全行为及社区现有的安全措施实施情况等
5	建设办	汇总各领域诊断信息，明确综合防治策略及措施，制定工作计划

项目资源是有限的，因此必须合理使用，这样做也是项目可持续发展的必要条件之一。资源需要用在需求最迫切、最有可能产生效果的地方。也就是说，如果需求很迫切，但现有的资源和条件并不一定能使项目取得成功；反过来，如果影响是有的，但相同的资源用在社区生活的其他方面会产生更大的影响，这两种情况都不是优先考虑的。

项目规划人员应该知道目标社区的需求和改变的可能性。根据需求和改变的可能性，项目规划人员需要列出一张清单，并定期更新。清单中应该包括改善和拓展现有项目的需求，发展新的项目的需求。这张清单中优先考虑的问题可以转换成当年或长期的项目目标。确定优先需求意味着对社区需求和机遇的全面评估，意味着项目计划不是盲目制定的，也避免了简单依靠需求而做出决策。

因此，安全诊断的目的就是发现本社区应主要解决的事故伤害问题，并进行排序确定优先干预的内容。

二、工作机制策划

在对国际安全社区项目进行充分策划和设计的前提下，应对重点建设工作机制进行策划。按照国际安全社区准则要求，需建立的工作机制包括跨界组织机构工作机制、社区安全诊断机制、项目策划实施机制、建设重点过程信息管理机制、重点项目过程及效果评估机制、建设工作年度评审机制。

1. 跨界组织机构工作机制

跨界组织机构工作机制包括促进委员会或领导小组的工作机制、建设办对建设工作统筹机制、工作组会议协商机制、工作例会机制、资金保障机制。一般需要建立健全相关规章制度，规范组织机构日常运行；各项目组也应结合实际，建立工作机制，明确开展安全项目的保障条件等。

建设办负责领导机构的日常工作，对整个建设工作起统筹作用，负责目标计划制定、资源协调、项目评审等具体工作，必须根据实际进行设计，形成持续改进工作机制。

2. 安全诊断机制

安全诊断机制决定了各工作组如何评估安全领域状况，如何确定需要干预的问题（需要考虑哪些因素）等。在建设过程中应明确牵头组织、工作方法、实施程序和要求等。

例如，定期开展社区伤害谱分析，分析不同时段伤害的主要死因、发生情况严重的伤害种类等；结合日常工作开展事故伤害风险辨识，确定风险程度高的事故类型及危险因素并定期更新；定期开展特殊人群伤害调查，了解主要伤害类型及原因的变化等；定时汇总分析各类信息交流渠道反映的居民安全诉求信息，知晓居民的安全需求等。不同安全领域、项目组可能采用不同的方法开展诊断，例如燃气安全项目组采用问卷调查、入户走访、居民访谈等了解居家燃气安全状况（危险因素分布及现有保护措施）；高危路段交通安全工作组可能采用现场查看、人员访谈等了解相关危险因素及其分布。

社区安全诊断应形成书面材料（安全诊断报告），材料内容应明确采用的诊断方法、实施过程、相关数据来源、诊断结论、项目策划建议等信息。

社区安全诊断是项技术性很强的工作，社区可以在专家的指导下进行，也可以邀请专业机构开展。

3. 项目策划实施机制

项目策划实施机制明确了工作组策划项目的策划实施流程、干预措施的策划和确定方法、干预措施的组织实施流程、项目过程的监控和纠偏标准及方式等。

需要注意的是，我国开展的安全社区建设与国外的不同，其内涵更加丰富。我国的安全促进项目不仅针对事故伤害预防问题，还包括安全生产“双基”、弱势群体关爱、社会管理创新、社区建设等内容。在策划项目时，一定要针对社区的实际需求，考虑其发展状况、经济条件等因素。

此外，还要建立项目的过程监控和效果评估机制，确保项目按照计划如期实施。项目实施效果评估一般包括三个方面，即目标的实现情况、工作任务完成情况、措施的有效性和实施情况。项目实施效果评估可以明确目标的实现情况或未实现目标的未实现原因，编写效果评估报告或项目总结，明确巩固措施及下一步的工作计划等。不同的项目由于目标不同，评估的频次和方式也不应相同。

4. 事故与伤害信息记录机制

事故与伤害信息记录机制沟通了疾控、医院、交通、生产、消防、社会治安、学校、幼儿园、燃气公司、妇联等部门。如果没有建立，则需要建立渠道并建立长期共享关系，确保可以获取各类事故与伤害信息。在该机制实施过程中要明确各类事故伤害信息填报的内容、上报程序，明确汇总部门、数据分析处理方法等，还应明确事故伤害数据如何应用等。

各部门、社会单位的事故记录格式应尽量按照各相关政府主管部门的规定设计，或在原有的基础上拓展延伸，各部门的记录应规定记录界限、内容、数据项目等，并如实填写。事故伤害监测部门、单位应至少每年进行一次统计分析（应根据实际情况，咨询有关专家后确定统计分析的方法和项目）；并对事故伤害统计分析结果，组织有关部门和单位的人员商讨对策。

制定事故与伤害记录管理办法可以作为事故与伤害记录制度的一部分，也可以使其成为单独的一项制度，这项管理办法要求明确不同伤害记录的标识、收集、编目、归档、储存、维护、查阅、保管和处置等。

5. 建设重点过程信息管理机制

安全社区涉及工作场所安全、交通安全、社会治安等多领域的安全又包括众多部门、社会单位在内的众多单位，信息宽泛，没有必要对所有的建设过程信息都进行记录保存。所以首先要明确需要保存的过程信息有哪些，明确建设办、工作组、项目组的信息保存方式等，明确社区管理部门、辖区社会单位信息管理机制等，应制定相应的资料过程信息记录管理办法。

三、工作文件的编写

在安全社区建设中，工作文件的种类包括实施方案、机制文件、具体的安全管理制度和文件。安全社区建设是分层次的、有序的，因此文件本身也应形成一个合理的文件系统。

1. 工作实施方案

工作实施方案全面、概况地描述社区的状况、安全体系，包括安全社区建设工作愿景、使命和目标、覆盖范围。它明确了需要控制的特殊风险；跨界机构设置；社区如何实现准则的要求、相关职责；建设工作的重点和步骤；建设工作的保障条件等。

工作实施方案的核心内容是描述建设准则的基本要求。此内容之前是领导机构启动建设安全社区项目的决定、建设愿景和目标等。此内容之后是附录，一般包括组织机构图、功能分配表、工作进度表。

2. 工作机制文件

工作机制文件是安全社区各准则或要素的运行规范，是对工作机制实施的文件化规定；工作机制文件一般包括组织机构工作办法或规定、社区安全诊断要求或办法、项目策划实施办法、事故与伤害信息记录办法、建设过程重点信息保存及分类管理办法、基层应急管理办法（综合应急预案）、重点项目评估办法或程序、建设工作整体年度评审办法等。工作机制文件编制的注意事项如下：

（1）各机制实施文件的描述一般包括目的、组织机构与职责、实施程序、工作要求、相关记录等内容。

（2）机制实施文件中的目的不要写成安全社区建设工作的目标，不宜出现“减少社区事故与伤害”“提高社区安全管理水平”等语句。

（3）机制实施文件中的职责应明确实施该工作机制中的牵头部门、实施部门等相关部门的职责；说明谁管什么事，即什么部门或单位负责什么工作。要把相关职责说全，不要遗漏。

（4）机制实施文件中的实施程序和要求应简明地阐述社区要如何做来实现准则的要求、明确相关工作程序，其中工作程序和要求要体现辖区特点、要尽量具体。

3. 安全促进项目实施方案

安全促进项目实施方案内容包括实施该项目的目的、对象、形式及方法；相关部门和人员的职责；项目所需要资源的配置和实施时间进度表；项目实施的预期效果与验证方法及标准。

4. 具体的安全管理文件或程序

安全管理文件是各项安全领域的具体规定或操作程序，是对某项具体工作的细致陈述和规范，例如安全领域的九小场所安全管理办法、隐患排查整改办法；社会单位的安全规章制度和操作规程、现场处置方案等。这类文件和程序数量繁多、涉及部门众多，一般不对其形式作过多的要求。

文件中切忌空话，所有的文件都应当与“做”相关：谁做、做什么、如何做、达到什么标准和程度等。

尽量避免使用“应”，而使用“要”或“必须”；避免使用“定期”，代之以具体如何定期的规定；尽量避免使用“严格”“认真”这样的词汇，代之以具体做法。

四、项目组设计

安全社区中需要干预的安全问题，不是结构清晰和简单的安全问题，而是需要系统策划才能解决的安全问题，必须建立跨界机构，有效整合各方资源，形成资源共享、多方联动的工作模式。项目组是某领域安全工作组里根据要解决的特定问题而成立的跨界机构，其牵头部门和成员单位的多少取决于要解决问题的性质。

由于问题的复杂性，项目组涉及多个利益相关方（出于工作职责或工作需求，和解决问题相关的机构），首先要对利益相关者进行分析，使策划和实施该项目所处的社会环境、伙伴关系更清楚。

项目组的组建程序如下：

(1) 确定促进项目内容。由社区根据安全诊断结果、安全促进计划等，初步确定要开展的促进项目的内容。也就是明确要解决的安全问题和主要的利益相关方，了解他们的职责和他们参与项目的意愿，同时评估他们对项目策划和实施的潜在影响。

(2) 提出并确定组长人选。社区根据利益相关者，尤其是主导者的职责，提出促进项目的组长人选，征得相关方意见后，确定某一促进项目组长。项目组长是项目组的核心人物，项目组能否有效地开展活动，组长起着重要、关键性的作用。鉴于在中国的安全社区建设中政府发挥主导作用，因此项目组长一般是负责相关工作的政府职能部门成员。

(3) 协商确定小组成员。促进项目的组长要根据项目主题以及项目实施相关单位之间的关系和可能出现的利益冲突，评估不同利益相关方参与策划和实施项目的能力，以及他们在项目过程中发挥作用的可能性，协商确定项目组成员。

(4) 确定项目组成员将如何参与项目过程，以确保项目的最佳质量和切实可行性。在这一过程中要明确不同利益相关者的参与性质（如建议者、咨询者或合作伙伴）、参与形式（如工作组成员、顾问或赞助方）、参与模式（如个人参与或多人参与）等，在此基础上做出决策。

(5) 明确项目组成员职责分工。项目组成员及参与形式确定后，要明确工作职责和工作制度，以便开展安全促进项目，完成相关工作任务。

经验表明，邀请不同领域的代表、代表不同的利益的成员参与项目的策划和相关问题的讨论也是很重要的。此类分析的第二个重要功能是了解各个利益相关方对项目的兴趣，对所有主要利益相关方的立场应进行细致分析，这将有助于设计邀请不同利益相关方参与安全社区建设的适当方法。尤为重要的是，明确项目的支持者和反对者，而且要理解他们持各自立场的原因，只有这样才能制定出一个可以使各个相关方满意，并可进行实际操作的工作计划。

五、安全促进项目策划

社区事故伤害风险复杂，类型众多。安全社区建设的核心是通过各类项目的实施来控制和消除事故伤害风险，减少事故伤害。在安全社区建设中，安全促进项目是建设工作中主要的安全促进方式，对于各领域内重点问题的解决和重点需求的响应或通过日常工作难以解决的问题、较普遍性的问题等需要系统性策划才能控制的风险或解决的问题，需要采用项目控制的方式。

六、评审与改进

社区应制定建设整体工作年度评审办法，明确评审的牵头部门、评审形式、频次等，评审完应撰写年度评审报告。社区应每年至少组织一次安全社区建设情况评审（两次相隔不超过12个月），验证各项工作措施的适宜性、充分性和有效性，检查建设工作目标的完成情况。评审内容应至少包括工作机制建立和实施情况、重点安全促进项目的策划实施情况及效果、社区总体事故伤害数据变化情况。社区应通过评审明确需要改进的工作重点、需要完善的安全促进项目，并且根据社区内外环境的变化，明确下一步工作重点。

1. 评审的形式

国际安全社区准则明确要求社区应制定安全促进项目和安全绩效评审方法，但对评审的地点、组织方、评审形式等均未明确要求。在这一点上，准则给了社区很大的灵活性。在社区开展的评审活动中，可以灵活地采用多种形式。各工作组并不是必须写出各自的总结，只需在规定的间隔内完成预期规定的内容，并以灵活的方式进行评审即可，例如社区年终考核、效能督查等形式都是被认可的。年度评审可结合安委会、年度总结会等主要负责人参加的会议进行，并不是必须为应对年度评审召开专门的评审会议。

2. 评审工作实施流程

（1）制订评审计划

年度的评审计划由建设办制订，报领导小组批准后实施。

评审前应制订具体的实施计划，实施计划应在评审前较长时间内完成，为评审留出准备时间。

(2) 评审准备

建设办应根据参与的单位和评审内容组成评审组，评审组应不少于三人，必要时可聘请有关的专业人员或专家参与评审组。

(3) 评审实施

通常采用会议的形式，告知参会者评审目的、评审内容、评审计划、各方职责和任务等。评审组通过交谈、查阅文件(记录)、现场检查等方法搜集客观证据，用以判断安全社区建设的符合性和有效性。

(4) 制订整改工作计划

应在评审结束后整理评审中发现的问题，明确整改项目、责任部门或工作小组。责任部门或工作小组应在规定时间内，完成原因分析及纠正措施计划的制订。整改措施的计划完成时间视实际情况而定，原则是从严从快。

(5) 撰写年度评审报告

评审报告的内容包括评审的目的和范围、评审人员构成、日程安排、评审形式、评审概述、问题项、整改建议和计划等。

第五章 安全促进项目策划与实施

第一节 安全促进方式策划

一、两种安全促进方式

社区事故伤害风险复杂，事故风险程度不一，安全社区建设的核心就是通过实施各类措施来控制和解决“两高一脆弱”问题。安全社区建设过程中通过两种方式来控制和解决重点难点问题，满足居民的需求。

对于经常性或日常工作中一般性的安全问题或居民零散的需求，或较常见的安全问题，只需要完善安全基础管理，强化法律法规的落实，落实上级单位的管理要求，明确风险控制方法。一般是指落实国家法律法规和相关要求，健全安全管理网络，建立和完善安全管理队伍，完善安全管理机制，开展隐患排查、专项治理、改善基础设施、公众安全教育等活动。类似于建设准则 2 的内容，预防计划就是针对常见的安全问题策划实施系列项目。

对于各领域重点难点问题的解决和重点需求的响应或对于

重大风险或比较难解决的问题、较普遍性的问题等需要系统性策划才能控制的风险或解决的问题，需要采用项目控制的方式，这也是建设准则 3 的内容。系统性策划安全促进项目用来解决“两高一脆弱”问题。

对于某项安全问题，可能需要同时采取两种方式。例如，某些日常安全管理措施已有明确的指向性，如果有计划、有组织地开展，其本身就是安全促进项目的一部分。我们经常采取的宣传教育、安全检查等措施，本身也可以是安全促进项目的一部分。

二、确定项目策划的对象

安全促进项目策划应重点针对法律法规的强制性要求、事故伤害风险程度、伤害疾病负担的严重程度排序、公众安全需求程度等。

(1) 法律法规

对于违反法律法规、标准和其他要求中强制性规定且较为普遍的问题，上级政府应重点解决。

(2) 事故伤害风险程度

例如，重大危险源（事故很少发生，但一旦发生，后果严重），结构简单但大量或普遍存在的安全问题或较为突出的安全问题。与该事故伤害相关的危险因素很多，例如，居家燃气安全问题，对一户而言风险并不高，但由于该风险大量存在，增加了其风险程度，就有策划项目进行风险控制的必要性；该 KAP 与伤害结局关系密切，例如“农转非”导致的普遍的不安全行为。

(3) 公众安全需求程度

例如，独居老人的关爱问题，农村社区等的留守儿童问题等。问题普遍存在，居民需求程度高。

需要注意的是，在满足法律法规的强制性规定和要求的前提下，重点问题需要社区综合各种因素来确定。例如依据危险因素的可干预性排序；该危险因素是明确的危险因素；该危险因素可以测量、定量评价其消长；该危险因素是可以预防和控制，且有明确安全效益的；该危险因素的干预措施是对象能够接受，操作简便的；该危险因素的干预费用低廉。

社区是个区域，各类安全问题多而复杂，不可能对所有的问题同时进行干预。一些伤害问题可能当前并不严重，伤害也不常见，即使发生，后果也很轻微，并已经采取有效措施，那么这类伤害就可以归为“中度风险”“低度风险”，并不需要作为干预的重点。如果重点安全问题解决了，原来次要的安全问题就成为干预的重点问题。同一个问题在一个社区可能是个重要的问题，干预的迫切性很大，但在另外一个社区可能就不能成为干预重点。

第二节　安全促进项目策划模式

一、公共卫生四步骤策划模式

世界卫生组织提出伤害预防四步骤公共卫生方法，该方法可作为伤害干预的框架，即现状评估监测→确定危险因素→制定和评估干预措施→实施干预。这种方法针对的是特定的伤害问题，如儿童溺水问题、老年人跌倒问题等。

四步骤公共卫生方法如图 5—1 所示。

1. 现状评估

卫生部门通过监测、调查或常规工作记录收集相关伤害信

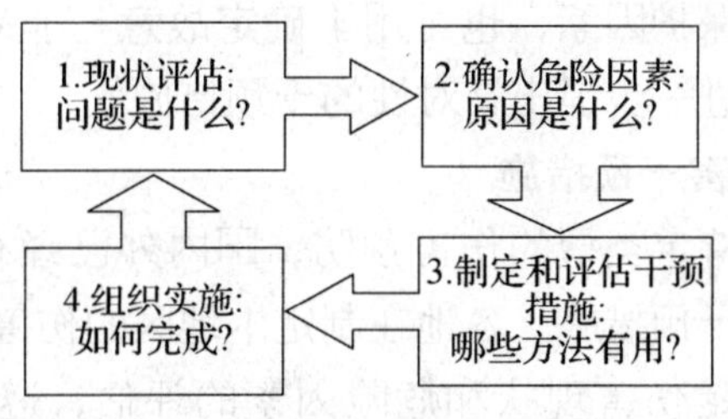

图 5—1 四步骤公共卫生方法

息，掌握伤害的发生情况和危险因素等，对伤害状况进行评估。伤害数据的适宜性和可获得性是确定预防途径的关键因素。通过相关部门对特定伤害的监测和调查，掌握特定伤害的流行状况和趋势，是合理制定干预策略的基础。

该步骤不仅仅包括简单计算伤害患者人数，还包括描述死亡率、发病率及危险行为等。这一步骤包括获得调查对象的人口社会学特征资料，如调查对象的年龄、民族、职业、文化程度等；获得伤害发生的时间与地理分布资料，发生时的环境、受害者或罪犯情况及伤害的严重程度及其医疗费用。近年来，逐渐增加了应用定量（如分组）及定性研究方法相结合的方法来确定伤害问题，通过这些方法的应用，可明确“谁受到伤害，伤害发生于什么时候、在哪里发生的伤害事件、受伤害者正在做什么”等问题。

2. 确定危险因素

卫生部门组织本区域内相关部门及人员进行小组讨论或个人深入访谈，利用监测和调查掌握的数据和信息，参照危险因素 Haddon 矩阵，结合本地区地理位置、环境特点、经济文化和伤害发生情况，分析和讨论伤害发生前、发生时和发生后，儿童自身因素、作用物、物理环境和社会经济环境 4 个方面的危险因素存在情况，继而分析并确定本地区特定伤害的相关危险因素与相应保护因素，也可用于确定故意与非故意伤害的高危人群，以便进一步提出针对性的干预措施。

3. **制定伤害干预措施**

对于一些特定类型的伤害预防，国内外已经有一些行之有效或有希望的干预措施。各地在制定本地区的伤害干预措施时，应根据当地特定伤害现状和危险因素的评估，遵循宣传教育、环境、工程、立法和评估的“5E”原则，制定本地区特定伤害干预的措施，以减少特定伤害的发生。

儿童溺水干预措施见表5—1。

表5—1　　儿童溺水干预措施

干预措施	有效	有希望
水塘四周设置围栏	√	
水井、水缸等蓄水容器加盖	√	
穿戴漂浮器具	√	
确保遇险时能获得及时救治	√	
确保游泳场所有救生人员在场		√
提升人们对溺水的安全意识		√

这主要是以上述两个步骤所获资料为基础，获得的针对性的干预措施。实施并检验这些干预措施，或实施其他已开展并验证有效的干预措施，以检验干预措施的效果。可将健康人群作为对照，比较多地区的时间序列分析，并了解干预措施对干预对象健康状况的影响。

4. **组织实施**

高收入国家伤害死亡率的下降，是由于实施了以科学为基础的伤害预防项目。联合政府和非政府组织多部门合作开展健康教育、媒体倡导、环境整治等项目，实现优势互补，广泛推广应用有效的干预措施，促进和支持伤害干预措施的落实。社区要成立多部门组成的工作组，共同研究制定伤害预防控制的行动计划，建立相关工作检查制度，定期检查设施是否到位、是否合格、是否有专人管理和维护等。同时成立由相关方面专家组成的技术指导组，提供相应的技术支持。

实施已被证实有效的或可能有效的干预措施，通过收集伤害监测或调查资料，评价干预措施的有效性，尤其是当一项干预活动在临床试验或学术研究中已证实有效时，则可在不同社区或扩展到较广的目标人群或地理范围内进行关于某一干预活动的临床试验或学术研究。该步骤的顺利实施既可为政府主管部门提供有价值的卫生信息，也可促成多部门的合作，并在此基础上发展以社区为基础的伤害预防项目。

二、世界卫生组织项目策划模式

世界卫生组织采用从现状评估到效果评估的策划组织方法，安全促进项目策划的一般步骤如图 5—2 所示。

1. 现状评估

在实施项目前，需要了解项目的现状，从而选择适当的干预措施，在这个过程中所获得的信息对于监控整个项目的进展是非常重要的。制定针对特定问题的适当措施需要有关于所在地区问题的程度及特征的精确数据。所收集的数据对合适并成功的项目的设计至关重要。

(1) 收集并评估与特定伤害的相关数据，评估问题严重性，并确定主要目标群体。所需伤害信息包括其严重性及类型，同时，对于事故发生原因的彻底了解也是很重要的。这些数据同样有助于深入认识伤害模式，以及如何有针对性地实施干预。

(2) 评估与特定伤害干预相关的法律法规，了解为实施一

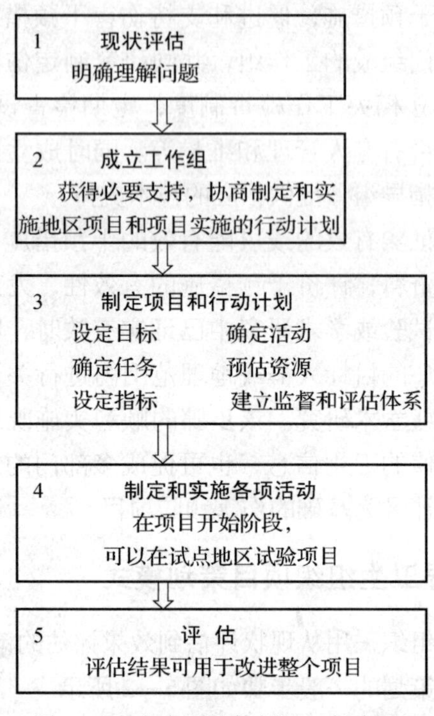

图 5—2 安全项目策划的一般步骤：从现状评估到效果评估

个有可能改善现状的项目，做出相应的法律法规修改的重要性。法律法规的评估对于了解现状和确定优先行动是至关重要的。

(3) 利益相关方评估。明确利益群体，他们所处的位置以及如何使他们有效地参与项目。利益相关方分析可以使策划和实施安全策划项目所处的社会环境更好。邀请不同领域代表参与项目讨论，可以在项目实施前，消除公众的顾虑和反对意见。

(4) 确定公众认知度。评估公众对特定伤害问题的认知程度以及对干预措施的支持度。这些信息有助于策划实施项目的实施，并有助于了解应重点关注的高危行为和特定人群。

（5）确定是否有正在进行或已经完成的项目，可从中吸取教训。通过现状评估，可以确定问题的严重程度，并说明策划针对性项目的必要性；同时了解现有管理机制的薄弱环节以及过去管理机制的有效性，也可以提供可用于项目监控的基本数据。

在进行现状评估时，还应考虑可能影响项目实施类型和范围的其他因素，包括可操作问题、经济问题和政治问题。例如现有的机构是否有意愿开展项目，干预措施是否需要特殊的支持、资金来源，领导是否认识到这个问题，干预措施是否会引起社会反对等。

2. 优先行动选择

列出所在社区特定伤害的致因因素、干预措施，这些干预措施是根据优先级排列的，高优先级说明这个具体措施对于解决特定伤害问题更有效。利用已有信息来策划和实施有针对性的项目以减少特定伤害的发生，其中不仅包括技术层面的内容，还包括确保项目顺利实施必需的操作层面的内容。

一般而言，社区要减少特定伤害需要长期持续的工作，需要设定一个长期目标。例如在某一具体时间段内，将道路事故数量减少到一定的百分比。同时还应包括若干有助于实现项目目标的具体组成部分，例如，实施或加强立法，执行酒后驾驶相关法律，惩治违法驾驶员，以及有针对性的公众教育活动与社区项目。

（1）获得政府和公众对安全项目的支持。主要政府领导的鼎力支持是项目实施的关键。任何安全促进项目的策划与成功在很大程度上依赖政府官员、社区决策者和公众的鼎力支持。

（2）如何准备行动计划。为制定和实施项目而形成的一些必要的行动计划步骤。这些步骤包括明确问题、设定目标和任务、确定行动和试行项目、拟定时间表、预估资源和监督项目实施。

（3）干预。对可能采用的各种干预措施提供指导。根据特定国家的研究和实践所证明的伤害干预措施的有效性，将一些干预措施推荐为“高优先级”或称为重点措施。

（4）公众宣传与教育，加强宣传以增加公众法律知识和加强执法人员执法力度意识。此类大众传媒活动的目的和目标群体应非常明确，同时应聘请广告学和公共关系学的专家为这些活动提供信息和材料。应密切监督和评估安全促进项目中的大众传媒对特定群体的观点和行为产生的影响，吸取其中的教训，以便提高今后此类活动的质量。

（5）社区干预。基层社区开展或参与伤害干预的实施，能有效地避免伤害发生。

3. 建立协调项目组

在理想的状态下，安全促进项目是在由主要利益相关方所组成的工作组配合下，由政府主管部门带头策划实施的。项目组的成员应通过对利益相关方的分析来确定。如果不存在这样的带头部门，则应通过成立特别工作组来开展和协调项目的实施工作。

（1）项目组成员

工作组可以吸取不同个体的专长和经验，主要包括与特定伤害预防相关的政府部门（交通、卫生、公安、教育部门等）；公共卫生和伤害预防专家；医疗专家；该领域的独立研究人员；非政府组织、相关方组织代表等。

理想情况下，工作组还应邀请对该项目持批判态度的人参加。他们的立场也需要被理解，这样设计出来的项目才能应对各种可能存在的反对意见，并能为尽可能多的社会群体所接受。

在项目实施过程中，重要的是使所有的利益相关方都意识到：

◆ 为什么干预是必要的；

◆ 为什么他们是项目的一部分；

◆ 他们在项目中的作用；有哪些已经由别人开展的干预项目处于实施阶段或计划阶段；

◆ 项目的长期目标。

(2) 项目组成员角色分工

为确保计划得以有效实施，工作组或项目组应确立明确的目标并拥有足够的权力和资源。此外，还应明确工作组各成员的职责分工。他们应与外部专家保持联系，并与那些可以为项目的成功实施提供必要支持的组织保持良好沟通。

工作组的任务是制定、启动和管理安全项目。具体包括问题评估、项目监督、预防、教育、执法等以及最终对项目效果的评估。完成这些任务的方式之一是将任务分配给各分组，当项目实施过程中出现问题时，根据需要重新召集各分工作组可能更为有效。

由于项目组可能由不同的利益相关方组成，因此需要建立一个小型的管理委员会以讨论来自各领域的责任问题。管理委员会应经常举行会议，在会议上可以讨论项目活动的具体实施细则，也可以提出突发的问题及解决办法。

对于所有组织良好的安全促进项目，某些功能是相同的。这些功能包括项目的启动（概念化及发起）、实施、协调和倡导功能。由于他们的特殊角色，某个人或机构可能具有多项功能。

发起者是指发起活动的个人或机构。发起者并不一定需要以其他参与方同样的方式参与项目，但他们必须确保协助项目的实施，他们的热情和积极性会使项目受益。

运作者。运作者是指负责项目各项工作的专业人士。很多时候，他们是相关领导机构和辅助机构成员。他们必须被充分授权参与项目。有时候由于项目的特殊性，他们的日常工作可能增加有关的新内容，可能还需要培训和其他资源。运作者需要听取其他项目参与方的意见。技术专家不应当轻视或不鼓励非专业人士参与项目。

协调人。协调人将全面责任项目的实施，其对项目的成功至关重要。协调人（无论是否有偿）应承担确定的责任。这些责任包括检查各工作组的活动，监督项目进程并保证所有项目参与方（包括发起者和运作者）充分获得应得到的信息。协调人应被赋予履行上述职能所需的所有权力。协调人应获得完成这些任务所需的资源和支持。因此，协调人最好由那些本职工作就包含部分上述职责的人来担当。

代言人是安全促进项目的拥护者。代言人可以为一人或者多个人，他们是拥有良好沟通技巧、有威望、有影响力的知名人士。代言人和协调人可能拥有某些共同的素质和任务，一些情况下，他们可以是同一个人。那些曾经与特定伤害相关的名人往往会带来更好的代言效果。

顾问组。很多情况下，项目组可能得到由其他有兴趣的利益相关方组成的顾问组的支持。有时候顾问组可能会吸纳对项目的运作起关键作用（或即将发挥关键作用）的成员为顾问。在这种情况下，使这些组织参与顾问组并有机会表明自己的观点就更为重要。顾问组应至少包含一名来自项目管理层的代表。

要想取得良好的工作效果，项目组应制定明确的工作程序和清晰的工作计划，并一直延续到项目的结束。项目组内部成员的良好沟通很重要，为达到这一目的，工作组内部应有专人负责在成员之间传达信息。

4. 制订行动计划

在实施综合性安全促进项目前，必须先制订一个行动计划，明确为实现项目目标需要采取的行动策略。计划必须基于现状评估得到的数据。行动计划的内容包括在现状评估的基础上明确问题、确立目标，确定实现目标的主要方法，详细描述项目各部分内容，将各部分工作任务分配给具体的个人或机构，并明确时间进度。行动计划的制订可以是地区性甚至是乡镇一级的。

(1) 明确问题

如上所述，任何干预项目的一个关键要素是确定主要潜在群体，通过数据分析、公众调查等方式可以确定目标群体、高危群体、高危行为、问题严重程度等，这类信息有助于区分活动的优先顺序，计划对最需要的地方进行有针对性的干预。此外，必须对教育、立法、执法等方面的问题做出确切说明。然而，这些问题并不孤立存在，而是相互依赖存在的。

(2) 设定项目目标

通过检查现状评估中收集的数据来设定目标，这些信息必须经过项目组的分析，明确项目需解决的问题。考虑这些问题的适当解决方案时，工作组应采用“系统化的方法”，即将系统作为整体，考虑并确定哪里有进行干预的可能。因此，解决方案可能包括针对公众的内容，如教育，法律法规执行的内容，二者在一定时期内相互结合。

在目标管理中，有一项原则叫作 SMART，分别代表 Specific、Measurable、Attractive、Realistic、Time - based。这是制定项目工作目标时，必须谨记的五个要点。

S 即 specific，代表具体的，指绩效考核要切中特定的工作指标，不能笼统；

M 即 measurable，代表可度量的，指绩效指标是数量化或者行为化的，验证这些绩效指标的数据或者信息是可以获得的；

A 即 attainable，代表可实现的，指绩效指标在付出努力的情况下可以完成，避免设立过高或过低的指标；

R 即 realistic，代表现实性，指绩效指标是实实在在的，可以证明和观察；

T 即 time-based，代表时限性，注重完成绩效指标的特定期限。

SMART 是确定关键绩效指标的一个重要的原则。

无论是制定团队的工作目标还是员工的绩效目标都必须符合上述原则，缺一不可。

(3) 明确任务

一旦明确主要问题并设定总目标，具体任务就能确定。一般而言，最好设定可量化的、具有时限性的目标，这些目标可以在具体任务中表达。例如，在某一日期前降低（或提高）一定的百分比。有了明确的任务，往往会使安全项目更加现实，能更好地利用公共资源，使整个项目运作过程的可信度提高。

应考虑在许多地方一定伤害已经降到较低的程度或风险因素快速增加的情况，也就是说，有时候事故伤害数据不变，意味着已经取得了一定进步。此类目标必须可以量化，范围可以包括态度、认识或行为的改变，或减少某种类型伤害数量。相关任务的选择应当直接参照具体目标。

在制定评估目标时，应与合作单位进行密切协商，因为他们可能是采取行动并负责完成任务的主体。对任务的共同认可是很重要的，同时它也是领导机构协调作用的关键部分。一旦确定了目标，就需要明确具体衡量标准和评估目标水平。要对所有相关评估标准进行基线测定。

(4) 设定评估指标

一旦工作组确定了任务，就需要对测量完成任务进程中的评估指标达成一致。评估指标是现实被关注领域的变化和改善的衡量标准，如现有法律的执行情况。为了表明变化和改善，这些数据需要与基线数据进行比较；为了项目监督，也可以进一步制定新的评估标准。这些新指标没有现成的，尽管它们并不难设立。每个指标都对应一个具体的任务。虽然这些任务目标在个别情况下是定性的，但在通常情况下是可量化的。在任何情况下，这些任务目标都应该是现实的。

(5) 确定活动

在明确目标、任务和评估指标后，项目组必须确定并计划活动内容。活动的范围和程度很大程度上取决于当地的环境和经费状况。项目干预涉及多方面，每项活动所涉及的科目必须明确。这些活动涉及立法、执法、工程技术、公共信息和教育等范畴。在实施过程中，在进一步加大执法力度之前，应首先对公众进行宣传和教育，使之了解法律的变更。执法工作只有在已有基础设施（例如，已有相关法律并具备执法能力）和公众已经了解相关情况的基础上才能顺利进行。

最富有成效的策略是通过教育来获得公众的认同，增强公众意识，然后通过执法完成群体行为文化的转变。

(6) 社区试点

在精心选定的地区开展小规模的试点，对在一个大范围的项目中将开展的活动方法、类型和影响进行测试。利用试点项目所得到的教训，可在大范围推广之前对项目进行改进。

(7) 设定时间表

伤害预防行动计划包括准备和启动两个阶段。在项目规划过程中要考虑每个步骤的时间进度。时间表应依据各方同意的活动制定，很多措施可能需要在不同地区分阶段逐步引入和执行。尽管如此，在项目规划的开始阶段必须在各方协商一致的基础上确定总体的时间进度计划，因为它可能会受资源的影响。

(8) 预估所需资源

为使项目顺利实施，安全促进项目需要充分的财力和人力资源支持。无论是大众媒体宣传，还是设施改造，都可能消耗巨大的财力。此外，任何可靠而有效的新干预项目都可能消耗较长的时间，并且需要在之后多年内对其进行监督和管理。

因此，在策划针对任何特定伤害的安全干预策略时，都需要对所需的资金进行合理预测。资金预测应在对问题的严重程度、之前开展的类似项目、计划采取的具体干预措施和可能遇到的阻力等方面进行充分考虑的基础上进行。

(9) 项目宣传

任何新开展的安全促进项目都可能引发议论，提高其在公众中的知晓度。这类宣传可以在会议上宣布或通过媒体参加的专题研讨会启动。如果项目的倡导者是活跃的社会名人，也可以让其参与宣传活动，因为这样可以减弱活动的政治色彩并使活动更为人性化。

尽管宣传对任何安全促进项目的开始阶段都特别重要，但是它应当持续至终。宣传活动可以与当地的节假日联系起来，还可以通过定期在媒体上发布公告、举行新活动仪式、张贴海报和做广告的形式持续进行。

(10) 建立监督机制

通常，监督项目包括对项目中所有衡量性指标保持密切检查，以确保项目朝着制定的目标顺利进行。监督可以是连续性的，由项目组的领导机构监督整个项目；也可以是定期性的，在每一实施阶段结束时，对活动进行衡量。同时，当指标表明活动偏离项目目标时，应采取行动。

监督的主要工作包括：

◆ 确定任务所需资源。在项目开始时应配置人力和财力资源，以确保在适当时间进行监督和评估，并向外界发布结果；

◆ 建立监督机制。确定负责监督的人员，规定提交项目报告的时间和对象，尽早提出工作需要做出改善的地方；

◆ 建立反馈机制，以便定期修改安全促进项目计划，允许对相关性项目进行必要的改善；

◆ 定期评估项目，以确定项目的有效性。

（11）确定能力建设和培训的要求

要长期并可持续地实施安全促进项目，需要一支训练有素的专业队伍。这支队伍不但要有“硬”（技术方面）功夫，还要有“软”（心理方面）技能。对于队伍中的某些成员来说，为其提供培训是有益的，这可以帮助这些人员积累实施干预的知识，增强实施干预的技能。

（12）确保项目的可持续性

为了保证项目成果持续发挥作用，保持安全促进项目的可持续性是非常必要的。因此在制定行动计划时，预见更长时期的资金需求和加强项目中任何沟通要素是很重要的。已经取得的成绩必须保持，而未来的项目中要针对更高的要求采取行动。成功地保持项目的可持续性也需要对项目的要素进行评估，以确定哪些是有效的，哪些是无效的。评估的结果应反馈到未来活动的设计与实施中。

（13）庆祝成功

当确认项目获得成功后，建议安排正式和非正式的活动，与来自各参与机构的人员共同庆祝成功，使人员在参与一个成功的项目过程中获得个人满足感，管理层对员工的工作给予积极肯定是保持员工积极性的关键，同时让所有参与者感到他们的工作得到了认可和称赞。

三、COSHA 的安全促进项目策划模式

中国职业安全健康协会综合以上模式，结合我国安全社区的社区安全诊断要求，提出一种项目策划模式。鉴于伤害问题的复杂性，系统化策划才能解决的问题需要采取项目控制的方法，需要明确存在的问题、强化问题认知，了解问题存在的严重程度和系统分析相关危险因素，采取综合有效的策略和对策。项目策划的具体流程如下：

1. 确定社区重点问题

结合社区定位和各类基础数据，了解社区整体安全信息，初步确定社区安全应关注的重点领域。例如居住型社区应重点关注小区防火，工业重镇重点关注工作场所安全，大学城区应重点关注大学生心理健康、交通安全等。

2. 明确需要干预的问题

按照国际安全社区准则的要求，可以把社区安全划分为交通安全、消防安全、学校安全、体育运动安全等。对各领域进行安全诊断和需求分析，了解各领域的基本安全状况，采用管理评估、隐患排查、入户访谈、事故伤害数据收集分析等方法确定各领域的重点难点问题，并根据风险严重程度、社会关注程度、社区实际条件等来确定各问题干预的优先度。

需要注意的是，确定需要干预问题是个相对复杂的工作，在确定问题时除了要考虑问题严重程度之外，还要考虑地方经济条件、社会发展水平、安全保障条件等诸多因素，要综合考虑问题的风险程度、地方经济发展水平、公众的需求、干预的可操作性和现实性等因素。各领域确定的需要干预问题可能比

较多，应综合各类因素对其排序，体现项目干预因地制宜、循序渐进的原则。

3. 特定问题评估

评估问题的严重程度，并说明策划实施安全项目的必要性。在确定问题的基础上，对需要干预问题的存在状况进行进一步的识别分析，通过各种定性、定量调查、监测等方法获取该伤害问题的基本信息。通过 Haddon 矩阵等相关分析工具分析总结危险因素及分布状况等，对问题的严重程度、发生机制、相关方的认知程度、政策环境、管理状况等危险因素进行评估，彻底分析问题的存在原因并明确主要原因（真正影响问题的主要原因），为有针对性地制定目标和计划提供信息。

4. 目标计划制订

计划是实现目标的途径，即为了实现目标，应从哪几个方面来开展工作。实际工作中常指“3E”策略（教育、工程技术和管理）和伤害预防“5E”策略（教育预防策略、环境改善策略、工程策略、强化执法策略和评估策略）。这两个策略的有效性在很多国家的应用实践中都得到证明，在减少与控制伤害发生率和死亡率方面发挥了重要作用。

自选目标是项目组经过现状调查，掌握了问题的症结，明确了可改进程度之后而制定的目标。目标分为两种情况：一是上级以指令形式下达给项目组的活动目标；二是项目组直接选定的上级考核指标。

项目组在设定目标时要注意以下三个问题：

（1）目标要与问题相对应。如果现状已调查清楚，设定目标就是要回答伤害率由现在的多少，降低到多少。如果通过对现状的反复分层调查分析已找出了问题的症结所在，数据已表明只要把此症结解决，整个问题就能迎刃而解，那么，下一步分析原因，制定对策，采取措施，都是针对此症结来进行的。此时便可先设定此症结由现在的多少，解决到多少的目标，再设定整个问题由多少，解决到多少的目标。这样就完全对应起来了。

(2) 目标要明确表示。所谓明确表示，就是要有用数据表达的目标值。没有量化的目标，在对策实施后就无法判断是否已实现了目标。

(3) 制定目标要有依据。制定的目标既要有一定的挑战性，又是要经过努力可以实现的，所以目标的设定应有依据。

5. 项目策划与实施

依据制定的事故伤害预防计划来策划项目，一般每项事故伤害计划至少对应一个项目。根据策划确定的子项目，分析并确定本地区特定伤害的相关危险因素与相应保护因素，确定促进工作措施，确定项目及促进措施后，工作组成员就可以按照措施任务加以实施了。

(1) 提出干预措施。首先针对危险因素，让项目组成员打开思维，独立思考，相互启发，提出若干个工作措施。这里可先不考虑提出的对策是否可行，只要是可能解决这个主要问题的对策都可以提出来，这样才能尽量做到不遗漏真正有效的对策，才能集思广益。

(2) 研究、确定所采取的措施。对每类危险因素所提出的若干个措施进行分析研究，确定选用什么样的对策、解决到什么程度。重点考虑措施的有效性、可实施性、经济性、技术性(是否具备专业技术能力) 等方面。

6. 项目评估

要进行促进项目实施效果评估，一般要掌握三个方面的情况：目标的实现情况、工作任务完成情况、措施的有效性和实施情况。明确目标的实现情况或未实现目标未实现的原因，编写效果评估报告或项目总结，明确巩固措施及下步工作计划等。

四、居家燃气安全项目策划实例

（1）问题认知。对居家安全领域开展诊断，开展居家伤害调查分析、开展入户隐患排查、职能部门访谈、居民访谈等活动，确定居家安全领域需要干预的问题，并根据优先度排序。

（2）问题评估。对确定的居家燃气安全问题进行进一步的识别分析，进一步掌握事故伤害发生的基本信息、问题的严重程度；从人、机、环、管四个方面和事前、事中、事后维度综合分析危险因素，并通过各类调查、检查等方式确定燃气安全危险因素的分布状况，通过问卷调查了解使用人群情况、人员知、信、行情况等；通过入户排查了解燃气安全设施安全状况；通过监测和调查了解伤害问题及其危险因素的信息等。

（3）制定目标和计划。根据燃气安全问题现状和危险因素的评估，明确项目目标。例如，在两年时间内，保持燃气中毒0死亡；燃气安全设施完好率达到90%以上；居民安全使用煤气知晓率由45%提高到90%等。明确达到目标的事故伤害计划。

（4）策划实施项目。按照教育、工程技术和管理的“3E”原则策划实施具体的燃气安全项目，并组织实施。

成立多部门组成的燃气安全工作组，共同研究制定燃气安全行动计划，建立相关工作检查制度，定期检查设施是否到位、是否合格、是否有专人管理和维护，以组织并实施燃气干预工作等。

（5）实施后按照目标的实现情况对项目进行评估。

居家燃气安全项目策划流程如图5—3所示。

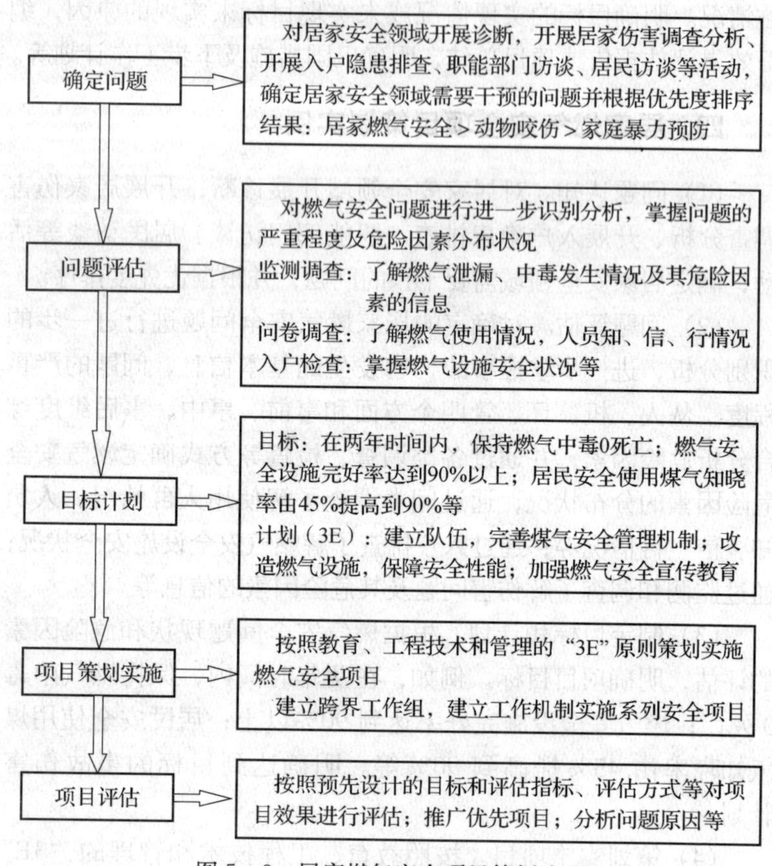

图 5—3　居家燃气安全项目策划流程

第三节　项目策划方法与途径

一、项目策划的途径

安全社区建设并不是从零开始的，各社区都有一定的基础，有不少优秀的安全促进项目，这一类项目在开展安全社区建设之后可直接纳入并继续实施。但有的项目可能有一些缺陷，可以在原来的基础之上予以完善和延伸。也就是说安全促进项目并不是要求全部都重新策划，而是按照项目化管理思路进行整合提升或者进行新的项目策划。

1. 原有项目的完善和延伸

例如，在开展安全社区建设之时，社区就已针对一些伤害问题采取了控制措施，但措施较为单一或不够丰富，还不能称之为项目；开展建设之后，就要对原有措施进行梳理，开展问题评估，了解底数，分析问题存在的主要原因，评估现有措施的适应性和有效性，改进及丰富原有措施，实施项目化管理。社区有很多安全促进项目，措施多是教育和检查等，如果不能真正解决问题，就需要对其进行完善。

2. 依托其他社区建设项目，将安全内容融合进去

社区各部门在自己的业务范围内也开展了内容不同的项目，例如民政、妇联、科协等，其中有的项目非常出色。绝大多数项目都可以将安全内容融合进去，或者直接就作为安全促进项目纳入，例如妇联的反家庭暴力项目。有的可以直接纳入到建设中来，例如科协的科普知识进社区，因为许多安全知识也是科普知识。有的可以添加安全元素，例如某社区有一个为老年人服务项目，社区成立了一支志愿者服务队伍，专门为社区需要照顾的老年人提供服务。但该项目大多是从生活服务方面进行的，偏离事故伤害预防主题。开展建设之后，该社区同时赋予这支志愿者服务队伍以安全的内容。他们对这支队伍的人员进行了安全用电、安全用气、老年人跌倒预防、急救技能的培训，赋予他们安全检查员、安全信息员的职责。很多社区已经有了很多好的载体，例如大社区讲堂、社会管理创新平台等都可以作为安全促进项目、服务项目的载体。

3. 依据社区诊断结果策划新项目

通过社区安全诊断或持续开展的诊断，可以发现一些需要关注、需要干预但没有采取控制措施的问题，这就需要在原有基础上依据结果策划新的项目。例如，在家居安全领域，通过诊断发现燃气安全问题需要关注，但目前社区在这方面的工作是一片空白，这就需要策划项目实施干预，采取全新的措施。

二、项目策划时的重点考虑因素

对社区而言，策划项目及选定项目措施时不仅仅要考虑问题的风险程度，还要综合考虑相关因素；要实事求是地设定目标，找到完成目标的有效方法，满足耗费少、效益大的要求。在促进干预的实践中还要注意信息的反馈，以调整计划。促进项目或措施的选择要点包括：

1. 以证据为基础

基于证据的项目或措施选择，要求选择措施时充分考虑以往显示有效的措施，注重项目设计和措施的科学性。以往研究显示有效的措施有很多，例如世界卫生组织的最新统计数据显示，交通伤害预防领域已经证明行之有效的措施有：

（1）正确使用安全带可以减少61%的交通事故死亡人数；

（2）强制性使用儿童座椅可以减少35%的儿童交通事故死亡人数；

（3）使用头盔可以减轻45%的致命性和严重的头部损伤。

我们要重视专业技术人员在伤害干预工作中的作用，如安全技术人员和医疗工作者，他们可以为项目策划提供卓有成效的技术指导与服务。

2. 综合施策，强调治本措施

鉴于事故伤害问题的复杂性，事故伤害的控制需要从多方面采取措施。例如儿童交通安全中既要考虑人的安全意识和技能的培养，又要考虑道路改造、工程技术的改善；老年人防跌项目靠宣传教育也是难以取得理想效果的。很多伤害问题的发生原因和危险因素很多，在策划项目时，应针对问题发生的深层次原因制定对策，着重分析研究该措施能不能控制或消除，以及产生问题的主要原因。例如，重点路口事故频发，主要原因可能在于设计缺陷，仅靠管理或宣传是难以解决交通事故频发问题的；小微企业现场隐患较多，但是根源可能不在现场，可能要从监管机制上找原因，制定的措施和对策也尽量要针对问题的根源。

在一些社区中，老旧小区由于其规划年代久远导致的设计缺陷而没有可用的消防通道，对照现在法律法规和相关安全标准要求，这些老旧小区存在重大火灾隐患，针对这种情况应采取替代措施来控制风险，例如配置小型消防车等替代措施，而不应去寻找诸如目前难以改造等理由。

3. 措施应覆盖最大的人群

在有多个替代措施可以选择时，应尽量考虑措施的覆盖面，如果某项措施只能覆盖很小一部分目标人群，那么这项措施可能难以实现项目目标。通过安全促进项目的有效实施，应实现人群安全意识整体提高和社区安全状况改善的目标。

4. 社区自我参与和自助的能力

社区应尽量依靠自己的力量。依靠社区自身的力量实施对策，能更好地调动社区的积极性、创造性，能提高社区解决问题的能力。由于措施是社区自己实施的，因此更能激发社区的自豪感，社区成员对成果也会倍加爱护。如果大部分措施要依靠别人未实施，或经常需要上级领导予以协调，则会增加措施实施的难度，不能顺利解决问题。

5. **可行性**

以实事求是的可行性分析研究和评价来贯穿始终。选用的措施起码是可以实施的，不可实施的措施不能采用。措施的选择要和地区的经济发展水平等多种因素相适应，不能超出地区的发展水平，例如，在农村推广儿童座椅，就可能不可行。除此之外，还要从经济性（花多少钱、能不能花得最少）、技术性（有没有这方面的专业技术能力）、难易度（是很容易实现的，还是有一定难度）等方面综合考虑。必要时需进行多方案的可行性分析论证。

6. **可维持性**

就是促进项目或其部分的维持和扩大的能力，即项目在原点的维持和扩大到其他点的能力。例如辖区在某个项目点策划实施了某个项目，这个项目是否可以推广到同类型的项目点。在评价某一促进措施的可维持性的时候，可考虑如下要点：是否能花费少效益高；是否有效地影响目标人群；是否容易和有效地融合到常规工作和行政管理中；是否有效、充分地利用资源；是否有确定的组织机构使促进项目持续下去；是否可进一步扩展等。

第六章 国际安全社区申请认证

第一节　国际安全社区的组织框架

国际安全社区项目是一个全球性的项目，其总部位于斯德哥尔摩的卡罗林斯卡医科大学的社区安全促进合作中心，简称 WHO CCCSP。该中心下又设有两大中心，一个是安全社区认证中心，简称 CC；另一个是安全社区支持中心，简称 ASF（见图 6—1）。

1. 世界卫生组织社区安全促进合作中心

瑞典卡罗林斯卡医科大学的社区安全促进合作中心建于 1989 年，该中心的作用包括以下几点：

（1）协调全球安全社区网络工作，包括社区支持中心和认证中心。

（2）组织安全社区年会和区域性安全社区会议。

（3）协调有关伤害预防和安全促进的培训课程。

（4）编辑发送《安全社区每月通讯》。

（5）参与其他会议的组织，如每两年一次的世界伤害预防与控制大会。

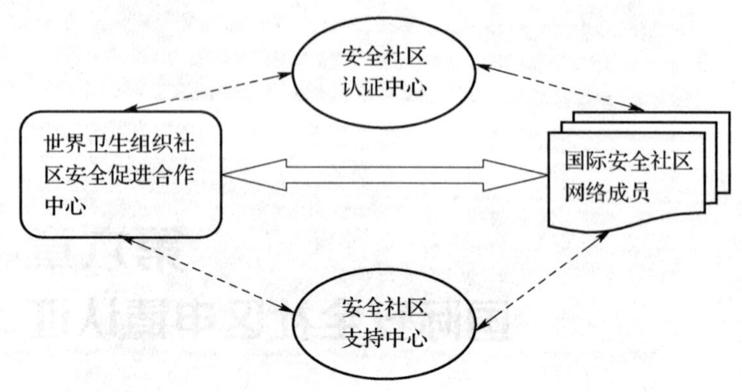

图 6—1 国际安全社区项目组织框架

(6) 负责方法学的开发和技术转移。

(7) 组织社区项目网络。

(8) 参与世界卫生组织项目，开展研究工作。

2. 国际安全社区认证中心

该中心负责对申请成为国际安全社区网络成员的社区进行认证。认证中心承诺支持地方、区域和国际安全社区的活动，促进地方、区域和国际安全社区模式的发展等。WHO 社区安全促进合作中心确认了瑞典、南非、加拿大、韩国、澳大利亚、中国香港等认证中心，负责对申请加入 WHO 安全社区网络的社区进行审核。为了便于管理，WHO 社区安全促进合作中心取消了认证中心，开始采用审核员制度。同时，成立了社区安全促进中心顾问委员会（9 人），确认了一批国际安全社区审核员（47 人），在社区安全促进中心的调遣下，对申请认证的社区进行现场认证。

顾问委员会负责国际安全社区准则的修订及配套文件的制定，代表社区安全促进合作中心了解全球安全社区建设状况，及时对建设政策、认证程序提出建议等。

3. 国际安全社区支持中心

国际安全社区支持中心可以是大学或相关机构，支持世界卫生组织社区安全促进合作中心开展安全社区项目，在本国和全球为社区提供伤害预防和安全促进方面的咨询和帮助。其主要任务是：

(1) 宣传、推广安全社区计划；

(2) 通过提供技术咨询、知识培训、协助项目策划、提供各类资料等方式，将社区建成符合标准的安全社区；

(3) 组织本国（区域）范围内的安全社区建设、运行的经验总结，优秀项目的推广和交流；

(4) 组织各社区参与国际安全社区和相关安全活动；

(5) 负责与社区安全促进合作中心建立联系，向其申报条件成熟的社区。

现在全球有 21 个国际安全社区支持中心，中国职业安全健康协会是世界卫生组织社区促进协作中心认可的第 9 个支持中心，负责中国内地的国际安全社区推进工作。

国际安全社区支持中心名单见表 6—1。

表 6—1　　国际安全社区支持中心名单

序号	名称	国家	认可时间（年）
1	墨尔本王室儿童医院安全中心	澳大利亚	1999；2014
2	香港职业安全健康局	中国	2000
3	约翰内斯堡和平行动中心	南非	2001
4	孟加拉国伤害预防研究中心	孟加拉	2002
5	水原伤害预防和社区安全促进中心	韩国	2004；2013
6	新西兰安全社区基金会	新西兰	2005；2007；2013

续表

序号	名称	国家	认可时间（年）
7	澳大利亚安全社区基金会	澳大利亚	2006
8	美国国家安全理事会（芝加哥）	美国	2007；2013
9	中国职业安全健康协会	中国	2008
10	北卡罗来纳州大学伤害预防研究中心	美国	2008
11	台湾社区安全促进中心	中国	2009
12	国家伤害预防和安全促进研究中心	塞尔维亚	2009
13	谷大学 cisalva 学院	哥伦比亚	2009
14	乌干达伤害控制中心	乌干达	2009
15	挪威安全论坛	挪威	2010；2013
16	澳大利亚儿童安全组织	澳大利亚	2011
17	日本安全社区国立机构	日本	2011；2013
18	公众参与理事国家协会	墨西哥	2012
19	公共卫生中心暴力和伤害控制部门	马其顿	2012
20	肯塔基伤害预防研究院	美国	2012；2014
21	厄勒布鲁大学伤害预防和安全促进中心	瑞典	2013

澳大利亚安全社区基金会

澳大利亚安全社区基金会于 2006 年成为全球第 7 个支持中心。澳大利亚安全社区基金会是一个非盈利组织，其目标是使澳大利亚成为世界居民都想生活、学习、工作和休闲的国家。

Australian Safe Communities Foundation

澳大利亚安全社区基金会成立的目的是推进国家层次上的安全，补充完善其他组织推广的伤害预防和社区安全促进活动。澳大利亚安全社区基金会是泛太平洋安全社区网络的一部分（PPSCN）。

新西兰安全社区基金会

新西兰安全社区基金会于2005年成为全球第5个安全社区支持中心，它是一个有慈善基金机构的非营利组织，也是主要开展以社区为基础的伤害预防和安全促进活动的国家组织。其愿景是：促进、支持和鼓舞新西兰的社区去创造更加安全的环境，改善居民安全行为，增强其处置和减少事故伤害、防范风险的能力，打造更加安全的环境，弘扬安全文化。

基金会的关键工作目标是：

（1）减少新西兰伤害总数和改善居民安全行为，通过增强所有已经认证的安全社区能力来改善：

- ◆ 地方安全社区联盟的有效性；
- ◆ 有效的社区安全项目传递及推广；
- ◆ 建设地方、地区和国家层面上有效的安全社区网络；
- ◆ 社区安全项目积极影响的长期性。

（2）增加国际安全社区数量，从而增加生活在安全社区里的人口数量。

（3）通过再认证保持和增加生活在国际安全社区里的人口数量。

（4）应用可测量的安全绩效来检查安全社区网络对伤害预防的贡献。

（5）为安全社区活动的可持续化运作提供过程机制。

（6）和泛太平洋安全社区网络、国际安全社区网络、世界卫生组织暴力和伤害预防局、其他安全社区和相关组织紧密合作。

美国国家安全理事会

美国国家安全理事会于 2007 年成为全球第 8 个全球安全社区支持中心，其目标是使世界更加安全。

美国国家安全理事会是个非营利机构，其使命是通过伤害研究、教育和安全倡议来预防工作场所、家居、社区和道路上的伤害和死亡。NSC 认为要达成这个目标，需要商业机构、政府机构和官员、公众合作来预防意外伤害。理事会采用“数据驱动”的模式。NSC 研究集中于伤害高发领域，发现和推广解决安全问题的最佳方法。在家居和社区安全领域主要关注的有摩托车安全、中毒、跌落、窒息、淹溺、火灾及烫伤、天气相关的紧急事件的预防和处置等。

亚洲安全社区网络

尽管每个社区整合资源来解决地区安全问题的方法、过程有其独特性，但总的来说还是有很多共同点的，因此，相互借鉴好的经验非常重要。为了便于交流经验和信息共享，亚洲安全社区在自愿的基础上成立了亚洲安全社区网络。

鉴于香港职业安全健康局在香港安全社区网络的表率作用，将亚洲安全社区网络秘书处设在香港职业安全健康局。

4. 国际安全社区

安全社区是系统的、持续的和跨部

门合作来开展促进安全和预防伤害活动，经过现场认证、社区安全促进协作中心认可的安全社区。社区获得确认后，其名单会列在网上（http：//www. ki. se/csp）。

社区成为国际安全社区之后，将成为国际安全社区网络成员，可以获得“以证据为基础”的实践和研究相关的资源。

第二节　现场认证申请文件

申请现场认证主要包含以下的三个文件：

1. 申请函

社区阐明申请现场认证的信息包括：社区基本信息（名称、地理区域）、建设基本历程、取得成效、持续改进承诺、联络人信息（姓名、职务、地址、电子邮箱、电话）、账户信息（发票地址、开户行）、社区主要负责人的签名。

2. 安全社区工作报告

按照社区安全促进中心编制的表格 A（见附录 1）的要求，逐渐按照指标内容填写要求的相关内容。表格 A 是社区安全促进协作中心为了便于社区编制工作报告、按照国际安全社区准则分解的。

3. 网页报告

网页报告 B 是工作报告 A 的浓缩版，可以让人在最短的时间内了解安全社区建设状况，其重点内容是安全促进项目情况。表格 B 见附录 2。

以上三个文件须用英文书写；申请函交由中国安全健康协会（国际安全社区支持中心）统一传递；工作报告和网页报告交由中国安全健康协会（国际安全社区支持中心）审阅，由其提出修改意见，定稿后统一递交到社区安全促进协作中心。

第三节　申请认证程序

申请成为国际安全社区网络成员是一个严格的过程，社区在申请前必须已经按照国际安全社区准则开展至少两年的安全促进与伤害预防工作。在中国内地，申请国际安全社区认证，一般是在获得“全国安全社区”称号一年后。

那些有兴趣加入国际安全社区网络的社区可以通过多种渠道寻求合作，可以独立开展安全社区建设，可以向已被命名的社区学习，可以向支持中心寻求帮助直到递交申请。社区一旦完成申请加入国际安全社区报告，就可将申请报告递交到社区安全促进协作中心，由协作中心指定审核员进行审核，协商确定审核员开展现场认证确认等。

1. 递交申请函

当社区确定要申请现场认证时，社区可与支持中心（中国职业安全健康协会）联系，表明意愿及需要有关帮助，并向社区安全促进协作中心递交申请函、支持注册管理费。

2. 通知 WHO CCCSP

一旦 WHO CCCSP 收到申请函及管理费，将会把社区列入其网站“有准备的社区”名单中，把相关资料存入档案，申请程序正式启动。

3. 申请报告审核

社区按照表格 A 形式撰写并递交申请工作报告，WHO CCCSP 通知社区报告审核阶段。WHO CCCSP 将指定两名专家对申请报告进行评审，报告审核一般需要不超过两个月的时间。

在评审和分析报告时，审核员需要重点考核以下几点：

(1) 跨界合作是如何描述的？所有相关部门和非政府组织是否参与？

(2) 项目整合得如何？

(3) 社区主要领导或执行委员会是否发挥了作用或他们是否承担了项目领导的职责？

(4) 是否制定了特殊的目标？谁制定的？目标如何评估、结果向谁汇报？是否有项目整合到社区调节、管理系统中？

(5) 目标和策略是如何执行和实施的？

(6) 经济激励？目标？规则？愿景？

(7) 项目中哪些内容或措施高于一般社区的要求？

(8) 社区有哪些地方可以作为示范、可作为别的社区的借鉴？

(9) 对所有的指标内容描述是否充分？

(10) 伤害主动预防和被动预防之间是如何平衡的？

(11) 持续改进中提到了哪些项目？

审核员在进入现场认证程序之前，需明确的问题是：

(1) 申请社区或所在国家有没有需要审核员必须考虑的特殊文化？

(2) 社区有哪些权利和责任？例如，是否具有实体规划、道路改造、地方交通安全立法等，是否有消防队、警察、学校、卫生健康服务机构等。

4. 报告审核意见反馈

一般情况下，申请社区会在两个月内收到报告审核意见，得知报告是否通过报告审核，是否可以进行现场考察认证或是否需要更多信息完善申请报告。

5. 现场认证

WHO CCCSP 指定国际安全社区审核员对社区进行现场考

察，对一般社区而言（人口规模较大的社区，现场认证时间可能更长），需要1个专家两天时间完成现场认证。现场认证的内容包括首次会议、现场考察、末次会议等。

(1) 首次会议包括社区安全促进工作介绍、认证程序和内容介绍、交流申请报告中的内容信息、与社区领导或工作组人员交谈了解具体信息等。

(2) 现场考察主要是对安全促进项目进行现场走访、确认，审核员通过交流、查看等方式了解项目开展情况。在现场考察过程中审核员应该有机会与社区居民交流，特别是那些参与了有关活动或从中获益的居民。

现场考察的重点是家庭暴力、自杀、校园暴力、运动伤害等的预防和脆弱群体的伤害预防。

(3) 末次会议主要是告知审核员现场认证意见，包括现场与报告内容的符合性、现场与准则的符合性、讨论命名的相关事项等。如果审核员认为申请社区符合国际安全社区准则要求，则向 WHO CCCSP 推荐命名。如果审核员认为有些方面需要改进或是有问题，则建议 WHO CCCSP 延迟批准申请社区的要求。有些社区可能需要再次进行现场认证。

如果社区通过现场认证考察，应及时递交网页报告 B。

6. 命名仪式

在中国职业安全健康协会的统一安排下，统一举行命名仪式。社区也可以根据实际情况自己单独举行命名仪式。申请社区会收到 WHO CCCSP 的信函，欢迎该社区成为国际安全社区网络成员。WHO CCCSP 将社区添加到国际安全社区网络成员名单中，并将网络报告 B 纳入 WHO CCCSP 网站。命名仪式上，社区将会与 WHO CCCSP 签署协议，承诺将持续改进社区安全工作。

7. 证后管理

国际安全社区网络成员的有效期为 5 年，5 年后社区需要再次被认证，以确认该社区具有再命名的资格。再命名的程序比初次认证简单，需要递交申请认证报告，但一般不需要进行现场认证，如果需要进行现场认证，一般需要 1 名审核员 1 天时间完成现场认证。持续改进期间，社区应积极参加国内外安全社区经验交流活动。

为了便于明确申请认证过程中社区、审核员及 WHO CCCSP 的职责，WHO CCCSP 制定了职责分配表，见表 6—2。

表 6—2　　安全社区认证过程及职责分配表

活　动	主席	总干事	申请社区	审核员（主审）	副审
1. 社区提交申请函 提供社区情况及账户等信息	R, NA	I	A		
2. 社区获得账号和密码登录国际安全社区认证系统	I, NA	A	R		
3. 主席和社区所在地区的支持中心联系	A	I			
4. 主席选择审核员、副审人员并进行交流	A	I		R, NA	R, NA
5. 回答审核员的问题	R	I		A	A
6. 主席通知审核人员	A	I	I	R, NA	R
7. 审核员和副审人员进入认证信息系统	I	A		R, NA	R
8. 审核员写信给社区：欢迎接受认证	I	I	R, NA	A	I
9. 社区填写表格 A			A		
10. 社区提交表格 A			A	R, NA	R, NA

续表

活　　动	主席	总干事	申请社区	审核员（主审）	副审
11. 审核员和副审人员沟通对话				A	A
12. 审核员在表格A的第二栏填写审核意见并和社区沟通			R	A, NA	A
13. 审核员告知社区需要补充的内容			R, NA	A	
14. 审核员写现场认证重点验证内容（仅在审核员之间公开）				A	I
15. 社区提交初步的现场认证考察日程表			A	R, NA	I
16. 审核员对现场认证考察日程表进行确认	I	I	R, NA	A	I
17. 社区下载表格B			A		
18. 现场考察			A	A	
19. 确定命名仪式日期			A	A	
20. 审核员向社区反馈书面现场认证考察意见和结果	I	I	R, NA	A	I
21. 修改表格A和B内容并确认	I	I	A	R, NA	I
22. 审核员最后审查表格A和B			R, NA	A	
23. 就有必要沟通的内容和社区协商			A	A	
24. 审核员向主席提交最终的表格A和B	R	R	I	A	

续表

活　动	主席	总干事	申请社区	审核员（主审）	副审
25. 审核员向社区提交现场考察专家费、交通及住宿等费用发票			R, NA	A	
26. 主席作出命名决定	A	A	I, NA	I, NA	I
27. 社区和审核员协商确定命名仪式时间			A	A	
28. 社区提交命名仪式申请和邀请函	I	I	A	R	I
29. 审核员向主席提交协议（带有签名）	R, NA		A		
30. 主席发出祝贺信	A			R	
31. 向安全社区月刊提交信息			I	A	
32. 审核员向社区提交由命名仪式产生的交通等费用票据			NA	A	
33. 总干事把社区纳入WHO CCCSP网站上的国际安全社区网络成员名单		A	I	I	I

注：A行动者，NA= next actor，R接受者，I信息

第四节　申请认证管理系统

为了便于社区递交工作报告和审核员开展报告审核，WHO CCCSP授权委托支持中心开发了申请认证管理系统，社区可以通过管理系统表达申请意愿、填报申请认证工作报告。国际安全社区认证管理系统社区操作流程如下：

（1）注册一个新社区用户，选择社区用户 Community，填写社区联系人信息（网址：https：//sms. oshc，hk/iscs/enrollment)。

Login

WHO Collaborating Centre on Community Safety Promotion

INTERNATIONAL SAFE COMMUNITIES CERTIFICATION SYSTEM

Step 1: Please select your user level:

Community　Certifier (accredited only)　Cocertifier (accredited only)　Peer reviewer (Hong Kong only)(accredited only)

Step 2: Community

Please fill in the contact person information:

First Name / Given Name

Family Name / Surname

Email

Contact person

Contact number

Community name

Address

（2）提交注册信息后，经 WHO CCCSP 审核通过，系统会向用户注册时填写的邮箱中发送一条账户激活信息（如下），点击提供的链接地址，激活账号并设置密码。

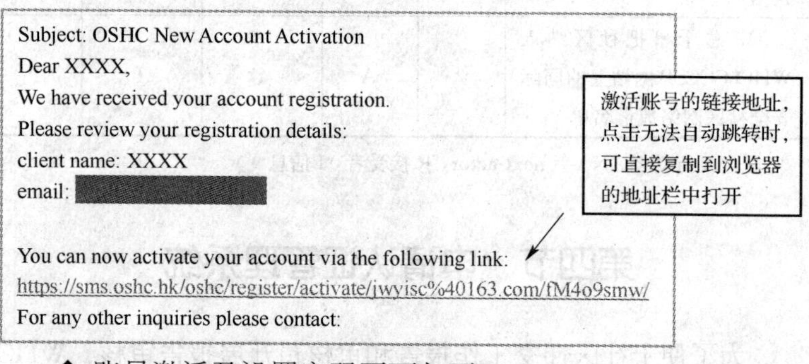

Subject: OSHC New Account Activation

Dear XXXX,

We have received your account registration.

Please review your registration details:

client name: XXXX

email:

You can now activate your account via the following link:

https://sms.oshc.hk/oshc/register/activate/jwyisc%40163.com/fM4o9smw/

For any other inquiries please contact:

◆ 账号激活及设置密码页面如下：

◆ 输入注册用邮箱、确认登录密码后，进入香港职业安全健康局系统登入界面：

職業安全健康局
Occupational Safety & Health Council
Account Activation
Activation Information
Email: jwyisc@163.com
Password:
Confirm Password:
Send

◆ 选择中间的 INTERNATIONAL SAFE COMMUNITIES CERTIFICATION SYSTEM 登入。

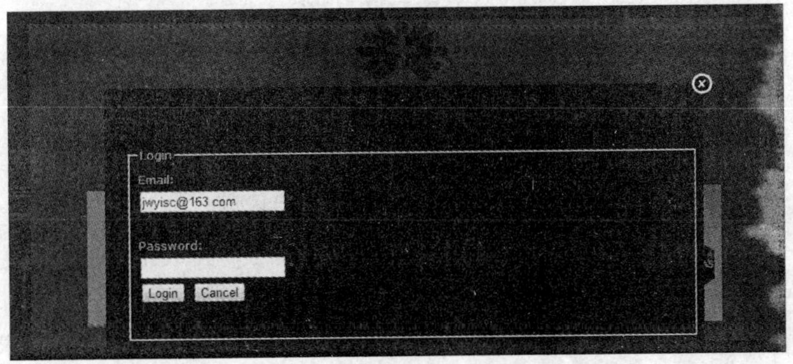

◆ 再次填入邮箱和密码，点击 Login 按钮登入。

(3) 再次登入系统时，可由 https：//sms. oshc. hk/iscc/login 直接登入，显示如下界面。

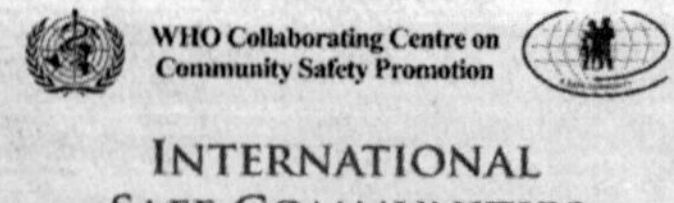

INTERNATIONAL
SAFE COMMUNITIES
CERTIFICATION
SYSTEM

Login

Email:

@oshc.org.hk

Password:

Login Cancel

Forgotten Password

◆ 正确填写注册用邮箱地址和密码后，显示如下界面。

INTERNATIONAL
SAFE COMMUNITIES
CERTIFICATION
SYSTEM

Please choose an option:

1. Certification

◆ 点击 Certification，进入信息填写界面。

◆ 按 Form A（表格 A）要求逐项填写，完成报告。

◆在 A－H 部分，各有如下几项内容供社区用户操作：

✓ Notes（注释，说明）：对此项内容的简述，每一项要求

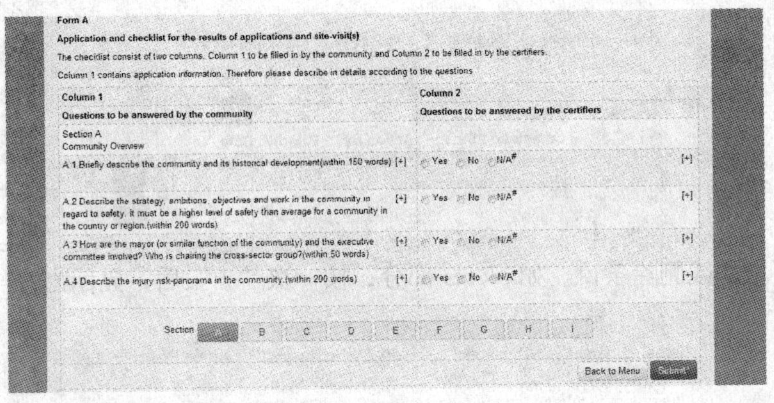

Form A

Application and checklist for the results of applications and site-visit(s)

The checklist consist of two columns. Column 1 to be filled in by the community and Column 2 to be filled in by the certifiers.

Column 1 contains application information. Therefore please describe in details according to the questions

Column 1 Questions to be answered by the community		Column 2 Questions to be answered by the certifiers	
Section A Community Overview			
A.1 Briefly describe the community and its historical development(within 150 words)	[+]	Yes No N/A#	[+]
A.2 Describe the strategy, ambitions, objectives and work in the community in regard to safety. It must be a higher level of safety than average for a community in the country or region.(within 200 words)	[+]	Yes No N/A#	[+]
A.3 How are the mayor (or similar function of the community) and the executive committee involved? Who is chairing the cross-sector group?(within 50 words)	[+]	Yes No N/A#	[+]
A.4 Describe the injury risk-panorama in the community.(within 200 words)	[+]	Yes No N/A#	[+]

Section A B C D E F G H I

Back to Menu　Submit

部分都规定了字数；

√ Image（图片）：可上传图片；

√ Document（文档）：可上传文档；

√ Help：系统中对此项要求的进一步解释说明；

√ Bookmark（网摘）：可保存与此项内容相关的网络地址，方便查阅相关网络信息。

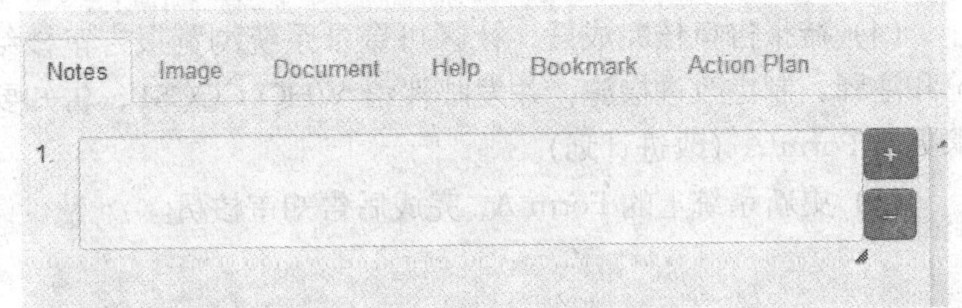

◆ Action Plan（行动方案）：项目实施的方案及实际实施情况，包括 RECOMMENDATION（议案名称）、Expected Competition Date（计划完成时间）、Action By（实施者）、Priority（优先级别）、Actual Completion Date（实际完成时间）5项内容。

◆ 完成上述各项内容后，可通过右侧的“+”“-”标签

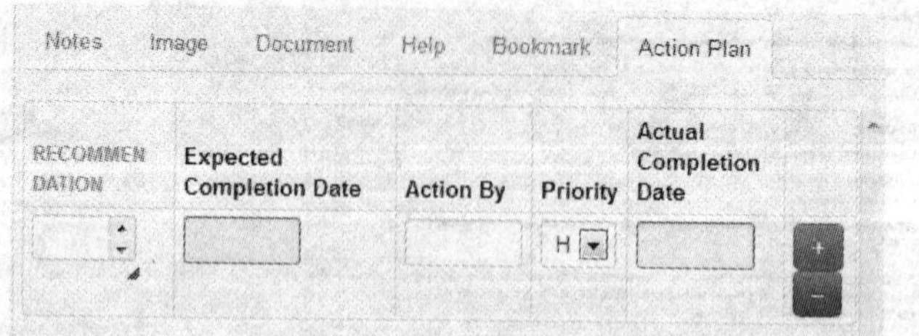

增加或删除条目。如 Notes 部分，按一次“+”后，显示为：

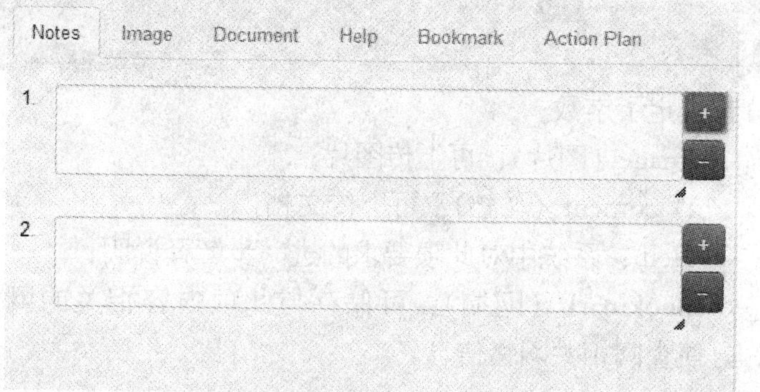

（4）待报告审核完成后，社区可登录系统浏览报告审核结论和注释，制定改进措施，并发邮件给 WHO CCCSP，告知要求更新 Form A（改进计划）。

（5）更新系统上的 Form A，完成后告知审核员。

第七章 国际安全社区范例

第一节 瑞典利德雪平市社区

1989 年，利德雪平是全球第一个被命名的“安全社区”。

伤害在瑞典以及世界各地都是一个主要的健康问题。各类调查显示人们都把安全作为选择城市的首要条件。2002 年由事故、自我虐待或暴力等导致的伤害，占瑞典总死亡人数的 5%，是动脉疾病、肺部疾病和肿瘤之后的第 4 大死因，是 45 岁以下人口最常见的死因。瑞典急救服务机构的数据显示：1995—2005 年十年中，致命性伤害的发生率增加了约 30%；跌倒死亡和中毒案例显著增加；家居和娱乐活动导致的伤害相当普遍，大部分需要医疗救助的事故（80%）发生在家里、托儿所、学校和各种各样的娱乐活动中；交通和工作场所事故也占到总数的 10%；老龄化意味着更多的事故，老年人在所有类型事故中占有较大比例。

酒精、毒品和药物治疗导致的伤害在致死性伤害中各占一定比例。瑞典国家交通管理局认为约有 1/5 的交通死亡事故和酒精有关。20～65 岁年龄段人群中，死于火灾和溺水的男性有

2/3 与酒精有关。伤害医疗费用是极其庞大的，对社会造成严重的经济负担。欧盟 2003—2005 年伤害状况报告指出：在欧洲，伤害是主要的健康威胁。

利德雪平很早就采取措施预防伤害，在 20 世纪 70 年代后期，当法尔雪平制定其伤害预防计划时，利德雪平就被作为试验社区。在 1984 年建立了涉及市、区卫生、政府机构的志愿者组织和针对酒精、心理健康、体育运动等主题的跨界组织。其中有专门针对儿童和老年人伤害问题的管理小组，负责事故伤害预防计划实施，直到 1996 年公共卫生理事会成立。从 1985 年开始，健康环境政策就已经存在，政策覆盖了所有年龄的人口，但重点是儿童和老年人。

卫生和医疗部门（公共卫生中心、急救和牙科诊所）从 1988 年起就开始了伤害的注册登记，但当中有短暂的中断，这些统计数字为伤害预防项目提供了有价值的基线数据。

利德雪平开展事故伤害预防项目，还与研究部门密切合作，产生了系列研究成果，在国际刊物上发表了多篇论文。年度项目信息、报告和总结由研究部门、行政人员和操作人员分享。

利德雪平位于斯德哥尔摩和哥德堡之间，维纳恩湖南边，人口约 3. 8 万人，其中 2. 5 万居住在市区。预测利德雪平市的人口会有轻微的增加，每年的出生率稳定地维持在 400 人，老年人口比例比全国平均数略高。来往哥德堡与利德雪平之间的火车每天两班，大约一个半小时车程。维纳恩湖是欧洲最大的淡水湖；内陆群岛由 2 200 个小岛组成。利德雪平市有着种类多样的地方工业，多数是中小型公司，也有不少新的企业。除市政和地方行政部门之外，Skaraborg's F7 空军基地和 JAS39 鹰狮战斗机培训中心是这里最大的就业场所。

一、组织机构建设

利德雪平市有公共卫生理事会和犯罪预防理事会，由市议会、卫生和医疗保健委员会及各方面的行政人员组成，中层管理人员来自地方政府、卫生和医疗保健、警局和区域社会保险办公室。其理事长也是市政执行委员的理事长。

委员会与多个部门合作，处理各种各样的问题，大约每个月开一次会，而公共卫生理事会每 3 个月开 1 次会。

利德雪平市的公共卫生理事会成员也包括由多部门组成的工作组，以促进不同目标人群的健康，如儿童和老年人的安全、交通安全、犯罪预防和卫生健康。工作组由贸易和企业代表组成。市政当局为各类人群和外来人群组织社区会议，与居民沟通和对话的内容包括安全促进和项目实施等。

利德雪平安全社区组织、机构框架，如图 7—1 所示。

图 7—1 利德雪平安全社区组织机构框架

公共卫生理事会的主要职责是：

（1）记录和分析居民健康状况；

（2）基于分析，提交关于公共卫生计划目标对象和方向的提案；

（3）制定公共健康计划；

（4）协调跨界、多部门合作的公共卫生项目；

（5）确定健康促进和伤害预防项目的优先顺序；

（6）制定年度活动计划和经费预算。

二、针对不同性别，覆盖所有年龄、环境和情况的长期项目

公共卫生理事会策划实施了系列伤害预防项目，其中很多项目内容已渗透到市政府、健康、警察等部门的日常工作中。伤害预防和交通安全项目已经实施多年。根据利德雪平市和公共卫生理事会的协议，应定期修改公共卫生计划。利德雪平市2008—2011年的公共卫生计划已经被西斯卡拉波的公共卫生委员会采纳，并作为市政工作、健康机构长期公共卫生项目和倡议的组成部分。

长期公共卫生项目的基础是国家公共卫生目标，其中一项目标就是关于安全环境和产品的，其他目标涉及运动、减少烟草、酒精使用和药物滥用。为了实现公共卫生计划目标，涉及的相关组织必须整合计划到其日常工作中。公共卫生理事会通过发布年度报告来支持公共卫生理事会。

三、针对高危人群和环境的项目以及促进弱势群体安全的项目

长期公共卫生计划针对不同性别、年龄、环境和状况，公共卫生政策的首要目标就是“在平等基础上，为所有人群的健康改善创造良好的社会环境”。

随着时间的转变，利德雪平市的公共健康威胁也在发生变化，它正面临以下挑战：各类人群尤其是16～24岁肥胖人群、

亚健康人群增加；酒精使用越来越成为老年人跌倒的原因。利德雪平公共卫生计划目标是针对所有人群，但是公共卫生理事会的重点是儿童和青少年。公共卫生理事会的项目或倡议会在年度报告中重点指出。

利德雪平发展和增强伤害预防计划和项目，特别关注以下领域：

（1）酒精使用和毒品预防；

（2）13～17 岁人群运动伤害预防；

（3）精神卫生项目（预防自虐或自杀）；

（4）在市政、护理和健康管理领域强化跌倒伤害预防项目，并把措施整合到日常工作中。

四、记录伤害发生频率和伤害原因的制度

为了有效预防伤害，需要对伤害事实有深入认识，如事故和伤害是如何发生的，在什么时候发生的。记录和分析事故与伤害是有效开展伤害预防的重要前提，这样才能制定并采取正确的策略和措施，才能够确定高风险群体、脆弱群体、高风险环境和状况。

在利德雪平，伤害监测已经开展多年。1978—1989 年，利德雪平和法尔雪平联合开展伤害记录工作，之后，利德雪平市的伤害记录工作一直持续到 1994 年。1983 年利德雪平开展了交通事故的研究，并于 1986 年和 1987 年开展了学校伤害事故研究。这些研究结果成为开展伤害预防项目的宝贵信息。例如，研究结果显示，50%登记的儿童及青少年的交通事故中涉及使用自行车，很多案例都含头部伤害。

从 1998 年起，卫生中心、诊所、医院和牙科的诊所开始伤害登记。2006—2007 年，市政厅有专门人员深度分析数据并向

相关机构和工作组呈报。

2004 年，市政厅开始记录财产损失和第三方责任险相关的伤害和事件，尽管大部分伤害诊疗由保险公司承担。2008 年，市政厅建立了自己的伤害报告系统，这个系统覆盖所有的工作环境和人群。

在发展国家的项目上，瑞典政府和郡行政局联合瑞典公共卫生保健服务局制定分级指标来跟踪公共卫生计划的执行。在第一批的 5 个目标领域中，根据其重要性，确定了包括选举参与度、公平指数、教育程度、收入水平、受教育情况、儿童贫困和伤害，以及与中毒相关的健康状况等 9 个基本指标。

从 2008 年起，瑞典急救服务机构提供市政新闻简报，对这些指标进行分析，并将不同区域相互比较。每 4 年开展一次深度的纵断面调查来分析居民的健康和幸福感状况。

五、评估项目的过程和影响

1984 年利德雪平启动伤害预防项目之后，在国际刊物上发表了多篇研究文章，每年的年度健康政策项目、报告和总结资料都分发给了研究人员、决策人员和具体工作人员。伤害被看作是普遍的公共卫生问题，同时也针对特定的伤害问题开展干预工作，特别是交通安全促进。而且利德雪平的伤害预防项目不断向周边地区扩展，部分项目已经扩展到整个斯卡拉堡省。为了便于公共卫生理事会评估、跟踪项目，每年的项目执行情况都会在年度报告中进行说明，各自领域的人跟踪各部门和机构的日常工作情况。

1999 年，也就是利德雪平被命名为“安全社区”的第 10 年，通过对利德雪平的伤害预防工作的总体回顾和评价，组织撰写了“安全社区建设 10 年”报告。组织召开了一个会议，完整地发布了已经完成和正在进行的预防项目和倡议。1998—2001 年，瑞典公路管理局、利德雪平市政厅、瑞典交通安全协会、瑞典警察服务局以及相关地区共同组织开展了“利德雪平——向零伤害愿景迈进”的地方项目。

2002 年，开展了老年人安全项目及其潜在的项目研究，主要是信息提供和培训、工作协调、运作与社会一体化、物质环境的规划等。

通过医院和诊所、卫生中心、记录伤害数据跟踪分析，2003 年对系列项目进行了评估。数据显示，利德雪平伤害率在 1987 年到 2002 年之间处于下降趋势；对于 20 岁人群而言，伤害率基本与斯卡拉堡省平均水平和全国的平均水平持平；髋部骨折逐年下降，并在 2000 年达到最低，髋部骨折数量这几年有所增加，但是利德雪平伤害数量始终比斯卡拉堡省和全国的平均水平低。

2002—2005 年瑞典警察局数据显示，利德雪平的居民认为居住在利德雪平非常安全。在犯罪数据方面，户外袭击、入室盗窃、故意破坏数量始终比斯卡拉堡省和全国的平均水平低。每年对 8 年制学生进行调查，利德雪平高年级的喝酒学生数量和斯卡拉堡省其余地区的情况一样，都在持续下降。2008 年调查显示，59%的 8 年制学生表示他们从来没有喝过酒。

六、持续不断地参加国内和国际安全社区网络活动

利德雪平伤害预防项目引起了全球的关注。利德雪平接待了来自瑞典各地、北欧各国、前南斯拉夫、澳大利亚、美国、日本、印度、新西兰等国家和地区的考察参观。

2002 年，瑞典和斯卡拉堡省的六个社区以及爱沙尼亚、拉

脱维亚、立陶宛等友好社区一起举办了旅游研讨会。研讨会的目的是就安全社区问题在姐妹城市之间建立合作关系。利德雪平就事故伤害项目和芬兰科沃拉社区签订合作协议。利德雪平代表参加了科沃拉 2008 年的国际安全社区命名仪式。

利德雪平的成功，形成了利德雪平模型（Falköping Model），并启发了公共卫生与行政学界的相关研究。例如，Schelp 于 1987 年提出流行病管理、风险管理的八步骤模型，WHO 也根据利德雪平的经验，推出了利德雪平事故预防计划（Falköping Accident Prevention Programme）。

七、开展的主要安全促进项目

1. 按照年龄开展的项目

（1）0～15 岁年龄组

1）提供孕妇产前健康课程。

2）孕妇暴力伤害风险检查。

3）孕妇使用毒品、酒精和烟草的风险扫描。

4）和国家道路安全协会一起，在新生儿出院回家之前，向家长提供出借婴儿安全乘车设备服务。

5）产后忧郁风险扫描。

6）带孩子去福利中心，获取卫生保健信息，信息涵盖安全设备、食品、安全产品等。

7）每份儿童健康刊物上都有安全检查清单，包括常见的儿童常见事故危险因素列表，并根据儿童年龄的不同做出相应的调整。

8）当幼儿 8 个月和 3 岁时，以优惠价格向家长出售幼儿安全头盔。

9）儿童福利中心建议家中存放活性炭，防治儿童中毒。

10）儿童福利中心提供窒息和烧烫伤的视频教育。

11）开设学前学校，提供“Hitta vilse”课程，设有两个学前班，该活动也是家庭关爱项目的一部分。

12）儿童心理学家通过初级卫生保健来开展居家疾病和伤害预防活动。

13）红十字会开展儿童安全课程，每个春季和秋季至少举办一次。

14）向孕妇或准父母、孩子 1 岁之内的父母提供孕期保健和儿童保健知识培训；特殊父母课程会和学前班一起向移民父母、年轻母亲、早产儿父母提供；孕期保健和儿童保健也以讨论的形式提供。

15）为学前儿童和 5 年级学生提供消防安全培训课程。

16）游泳馆人员测量 5 年级孩子的游泳熟练程度。

17）向有心理障碍和精神病、社会问题的青少年提供服务。

18）发放名为“为年轻人提供机会”的信息折页，折页包括各类活动信息。例如，学生保健和咨询中心的电话号码。

19）在开学和放假时，向 7～9 年级的学生家长发送信件，信件内容包括年轻人酗酒习惯、事故和暴力伤害情况等，也包括父母如何对待孩子的建议。

20）组织周五晚上和周六晚上的夜间巡逻，为青少年组织安全“无乙醇”活动。

21）警察部门访谈所有 8 年级学生，告诉他们毒品的危害、法律的要求和他们的权利。警察提供相关信息来减少酒精和毒品消费以及相应的暴力袭击。

22）2003 年春季，社区规划部门实施了儿童和青少年周边环境、学前教育地点、学校、迪斯科舞厅和体育馆噪声水平研究项目，并根据研究结果采取适当措施。例如，音量超标的地方设置隔音板，用塑料取代陶瓷板等。

23）每个月，规划与建设办公室都会对全社区所有游乐场所、操场、学校和日托机构设施按照规定的标准进行全面安全检查。对所有的排水沟都增设盖子，防止人员坠落。

（2）16～24岁年龄组

1）2008年，雇佣犯罪预防人员来预防青少年毒品使用问题。

2）成立毒品事宜咨询中心，供学校、青少年俱乐部、警察和初级保健部门使用。目标人群是13～25岁的青少年和他们的父母。

3）成立青少年指导中心，与初级卫生保健部门和社会服务部门合作，提供医疗服务、检查、心理问题咨询和生活技能教育等；向有心理问题的儿童和青少年提供个性化服务。

4）向青少年提供生命技能教育。雇佣生命技能培训协调者使用其20%的时间为1年级学生提供培训。在3年级培训结束时，每个学生至少要接受50个小时的生命技能培训。这个项目的核心是使学生认识到生活是积极健康的。主题主要包括民主和理解、身份和自尊、爱和性；方式主要包括论坛、研讨会、喜剧、论坛游戏、课程和口头演说等。个性化项目使每个学校关爱学生生命、健康和生命技能。

5）基于社会心理的考虑，向学生提供服务和支持；提供医疗咨询和健康关怀；面向残疾学生提供补偿教育和特殊支持。

6）关注性侵犯、应急准备、灾害管理、生命技能培训、矛盾纠纷调解等。

7）在大学开展民主协调活动，主要由民主协调官执行。Gardiegymnasiet大学通过培训和指导，帮助学生解决一些伤害问题。

8）面向女生开展群体活动，增强其自尊和体力。

9）配置5个警察专注毒品事务管理，向各类人群提供毒品相关信息。

（3）25～64岁年龄组

1）制定跨部门计划来预防工作场所伤害；

2）与保险公司和其他相关机构合作，对因病休假开展原因分析，提出干预建议。

3）与应急服务部门合作，开展行业火灾预防与应急培训。

4）对于建筑物处于部分维修或维护阶段、其他部分正常办公使用时期，制定安全计划以预防伤害事故发生。

（4）65岁及以上年龄组

1）组织主题日，以社会活动、娱乐活动、音乐会的形式提供相关信息。

2）和职业医疗师举办“使生活更安全”的展览，提供展览和折页、实用检查、预防跌倒伤害建议；发布老年安全预防信息。

3）Vård & Omsorg每年向残疾人和老年人协会捐赠5亿瑞典克朗，开展伤害预防活动。

4）SPF老年人协会开展“积极老年人”项目，向150名老年人提供举重训练。

5）设计制作“安全包”，里面包括防滑垫等安全产品。

6）老年人协会积极组织跳舞、聚会、保龄球、郊外旅游等活动。

7）老年人可以以优惠价格购买髋部保护器。

8）为老年痴呆人群提供门窗报警器。

9）在Vård & Omsorg的赞助和支持下，红十字会、教会和卫生保健部门合作，设立老年人聚会点，老年人每周在此聚会一次。

10）红十字协会访问独居老年人或陪同其去看医生。

11）成立志愿者中心，帮助人们与想得到帮助的人建立联系。2008 年有 100 多人和志愿者中心签署了协议。家居室外活动于 2007 年启动，老年人通过该活动可以获得剪草、清理积雪等服务。

12）提供实用的帮助，包括免费的安全走访、护理和烟雾检测器发放，如果他们家有的话。

13）向 75 岁老年人提供预防性家庭走访和检查，并针对性地提供措施建议。

14）由家居服务、护士、职业理疗师等人员组成跌倒预防组织，其主要职责就是采取措施预防老人跌倒。

15）向病人提供家居康复服务，使病人在医院治疗后可以直接回家，从而增加病人的独立性，提高其生活质量。

2. 按照安全类别开展的项目

（1）家居安全

1）新建住房或是重建装修房屋，必须考虑儿童安全设施。例如窗户、烤箱和冰箱等，低阶窗户要配安全玻璃、安全扶手高度要合适。

2）对于有特殊需要的老年人和残疾人，去除门槛、安装升降梯，浴室安装安全设施，烤箱安装定时器。这些措施大大减少了伤害发生。

3）启动金标准项目。该项目针对老年人开展。该项目下所有的改建、扩建养老院必须遵循金标准，这是各领域专家商讨确定的最佳方案，未来新建项目也准备实施该标准。

4）家居服务公司在居家安全各方面进行尝试，新建住房或是重建装修房屋，使其更安全。

5）户外活动。对操场、户外场所设备设施定期检查和更新；当新建户外场所和改造现有场所时，用更加安全的材料代替沙子。

6）室内改造。改造像楼梯井、洗衣房等公共区域内的传感器和照明设施；安装全覆盖的门禁系统；每年至少检查两次逃生路线；经常检查加热、通风和供水系统。

7）公寓免费安装窥视孔；推广防烤箱侧翻装置；所有公寓安装烟雾检测器；所有房地产公司开展测氡评估等。

(2）交通安全

交通安全一直是利德雪平的重点问题，也是重点安全促进。利德雪平在 1992 年启动交通安全计划。

1）在市中心区域修建自行车专用道，形成网络，并向周边地区辐射。2008 年，利德雪平社区与瑞典自行车协会合作开展了自行车专用道路的调研，明确了需要改进和修缮的路段，对危险因素进行识别。设计了更新的动态自行车路线图并向各家庭发放。

2）从交通安全的优先视角，重点考虑在重建建筑、十字路口、自行车道和主要街道路线增加人行横道和自行车路线。

3）2008 年和 2009 年对城市车辆速度进行全面评估。2007 年，利德雪平设计了一个实验来验证市区限速的益处，结果表明所有的实验区域交通速度较低。为了更好地适应交通安全需求和工作目标，2008—2009 年对交通速度进行了全面审视和评估。

4）实施“Kustom”项目，和哥德堡市一起雇用信息官员来处理环境和交通安全信息。信息官支持学校人员工作，实施“移动校车”项目来减少交通工具使用量、降低交通事故风险。

初中级签约校车配有安全带。

5）向初中级学校学生发放反光背心，在等待校车或去往学校校车站时提高其可视度。

6）斯卡拉堡（Skaraborg）和NTF合作，执行一个旨在改善大型货车安全的项目。

7）18～24岁的年轻司机有机会进行模拟演练，重点是防止年轻人超速驾驶、不佩戴安全带和酒后驾驶。

8）提供生态驾驶培训（eco－driving），向有需要的人员提供试车场驾驶培训。

（3）学校安全

1）向新入学学生发放黄色的棒球帽。

2）持续8年分析儿童的健康状况和上学率等状况。

3）检查实验室的木制品和金属制品；检查运动和体操场地与设施。

4）伤害和未遂事件登记记录。

5）学校和儿童组织、家庭关怀组织跨界合作。

6）预防幼儿园和学校暴力。

7）对1～9年级学生开展急救培训。

8）组织学生出游时，向学生出借自行车安全头盔。

9）改善校车停车站护栏和安全标识；驾驶员参加火灾疏散和车辆侧翻实地演练；学校每年组织儿童进行校车疏散演练。

10）生命技能培训纳入学生教学大纲。

11）警察局倡导毒品预防计划。

12）把抵制酒精和毒品信息纳入UNF日历信息。

第二节 韩国釜山安全城市建设

一、工作背景及历程

釜山市为韩国第二大城市。釜山市城市结构复杂，辖区总面积约 758 km²，划分为 1 个郡和 15 个区，人口约 400 万。随着城市的快速发展和风险因素的增加，釜山市意外伤害死亡率持续上升。2009 年，釜山市每十万人的伤害死亡人数达 63 人。尽管釜山市的死亡率低于韩国全国平均水平，但与首尔等大城市相比是最高的，伤害预防和安全成为釜山市发展过程中迫切需要解决的问题。

釜山市于 2009 年启动“安全社区”建设，成立了国际安全社区促进委员会，建立安全社区工作机制和制度保障体系，在 16 区郡推广安全社区工作理念。同时，针对釜山市社会、经济和自然环境的特点及伤害预防需求，策划实施有特色的安全促进项目。釜山市建立了地方政府与高校之间的协作模式，成立了釜山市安全促进研究中心，持续分析市民的意外伤害数据，并以此作为调整安全政策的依据。该中心全程参与项目的规划、实施和评估工作。

釜山市对建设工作进行了整体安排，各项工作有计划、有步骤、有重点稳步推进。总体来说，釜山市安全社区建设经历了 3 个阶段，如图 7—2 所示。

釜山市在分析事故伤害发生情况、市民安全意识调查的基础上，确定试点项目；在分析安全社区理论模型及总结 100 余家国际安全社区建设经验的基础上，建立了釜山安全社区运行模式并制定了中长期建设规划，如图 7—3 所示。

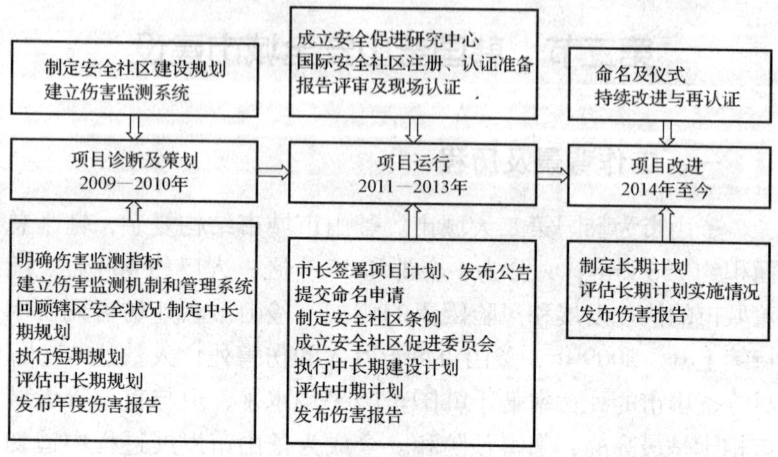

图 7—2　釜山市安全社区建设 3 个发展阶段

釜山于 2014 年被命名为全球第 334 个国际安全社区。

创建伊始，釜山市在 SWOT（态势）分析的基础上，结合发展规划和实际，明确了建设工作愿景。例如，釜山市希望成为居民想长期居住的安全文化建设示范城市、安全旅游城市，为辖区市民工作和生活提供良好的生活环境；建设成为 21 世纪亚洲东北部的海洋资本城市，以吸引投资；同时，探索以大型城市为载体开展安全社区建设的工作模式，并起到示范引领作用等。

二、组织机构要求

为了有序推进各项工作，2012 年釜山市建立了由 146 个成员单位构成的跨界合作机构（见图 7—4）。该合作机构包括安全社区工作委员会（24 个成员）、督导委员会（26 个成员）等，成员主要有釜山市议会、釜山公共卫生中心、学校、非政府组织、地方社区群体和公司。釜山市尽最大的努力去共享信息，提供预算支持和管理指导，改善居民的健康状况和幸福指数

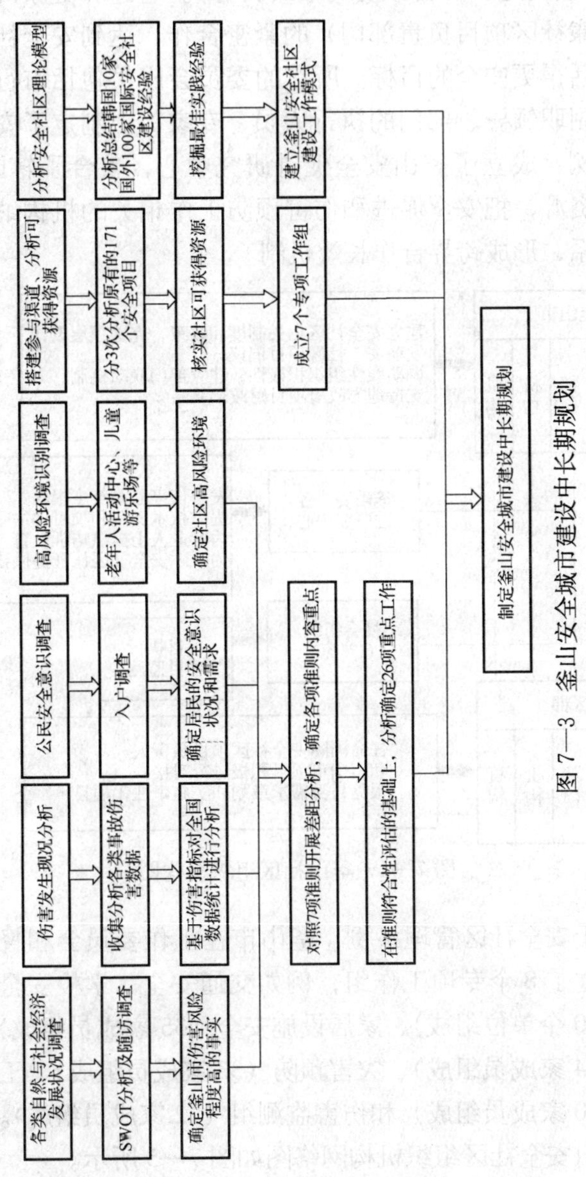

图7—3 釜山安全城市建设中长期规划

（作为安全促进和伤害预防的最终目标）。通过和健康局（釜山市的健康社区项目负责部门）的紧密合作，达到安全社区每个人都生活得更安全的目标。所有的委员会成员包括市行政管理机构的副职领导、部门的执行人员、专家等。制定了安全社区管理条例，成立了釜山安全促进研究中心，整合了辖区行政、技术等资源，把安全促进和伤害预防工作相关的机构纳入跨界组织体系，形成跨界合作长效机制。

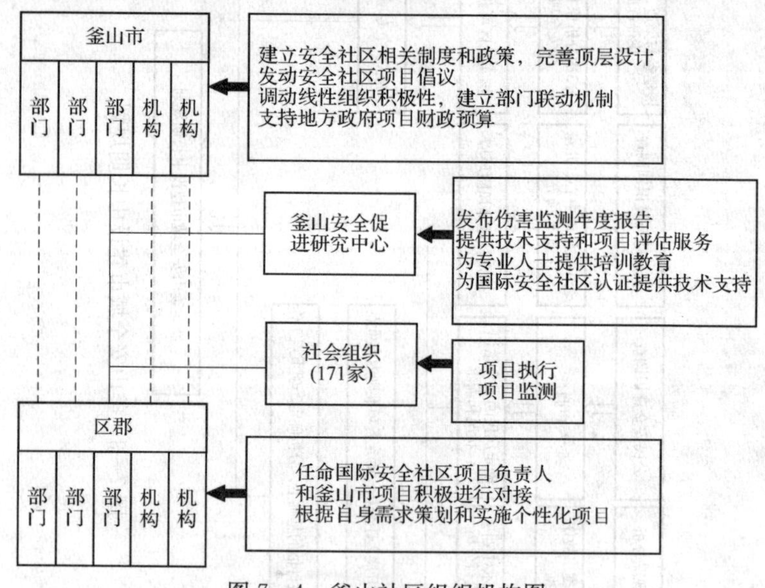

图 7—4　釜山社区组织机构图

基于安全社区管理条例，釜山市在工作委员会和督导委员会下成立了 8 个专项工作组，例如交通安全、学校安全、自杀预防（40 个单位组成）、家居设施安全（35 家成员组成）、旅游安全（14 家成员组成）、灾害预防（33 家成员组成）、工作场所安全（10 家成员组成）和伤害监测组（12 家成员组成）。

釜山安全社区组织机构网络图如图 7—5 所示。

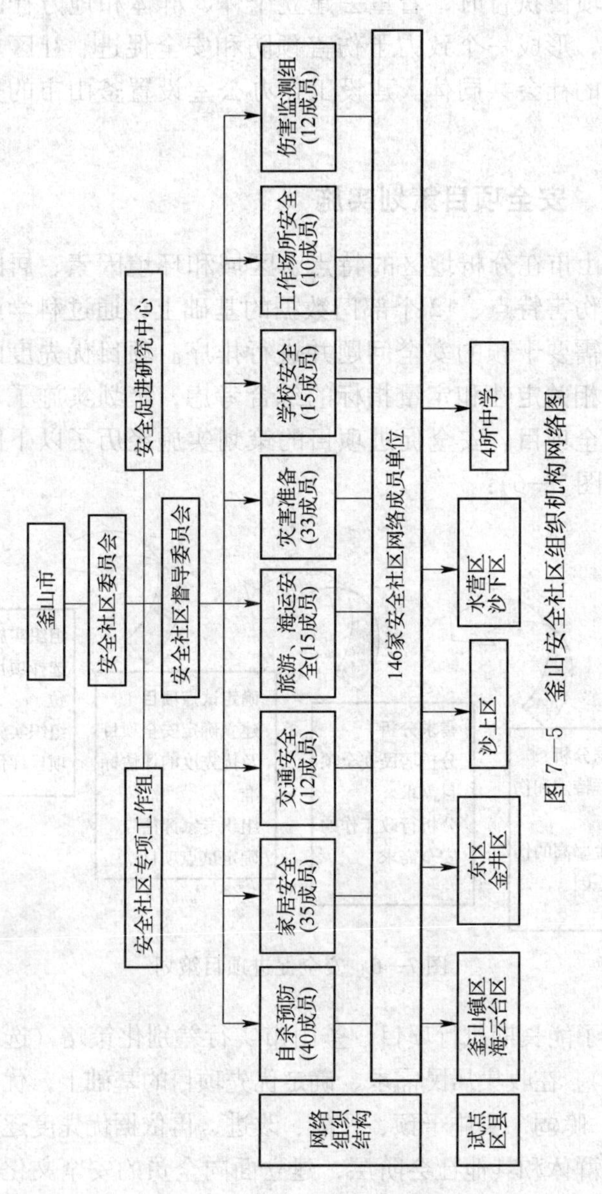

图 7—5 釜山安全社区组织机构网络图

在项目执行时，着重去建立个体、群体和地方社区之间的联系，形成一个致力于伤害预防和安全促进、社区成员参与项目的社会共同体。建设工作办公室设置釜山市的安全管理部。

三、安全项目策划实施

釜山市在分析地区的特点、区域和环境因素、居民安全需求和伤害特点、12 个部门数据的基础上，通过科学的方法来确定需要干预的安全问题并进行排序。项目优先度的确定包括对相关定性和定量指标的综合考虑，策划实施了 7 个领域的安全项目。安全促进项目的策划实施经历了以下四个阶段（见图 7—6）：

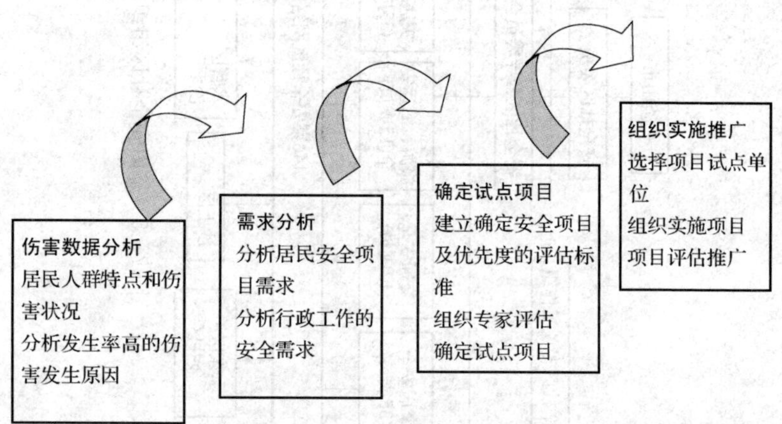

图 7—6　安全促进项目策划

为了能长期执行项目，釜山市实行差别化策略（选择和集中战略）。在收集居民需求、确定优先项目的基础上，优先针对“两高一脆弱”实施干预、评估、改进，再依据优先度逐渐扩展到其他群体和其他社会阶层，建立面向全员的安全文化。根据釜山的自然、经济条件，居民伤害发生情况，最终确定需要开展安全促进工作的 7 个领域（自杀预防、家居及设施安全、交通安全、学校安全、海上作业与旅游安全、灾害应急准备、工作场所安全）及具体的 305 个项目。

为了使资源利用效率最大化，在安全促进项目实施过程中采取选择性推进和集中化策略（concentration strategy）。一方面，基于社会经济特点和居民伤害状况，在 5 个领域内选取试点项目在试点区郡开展；另一方面，由安全促进研究中心对示范项目和特色项目进行全程跟踪评估，积累干预有效证据，推广有效项目。

项目实施过程中，由负责实施项目的区郡提供行政支持、项目资金，并根据项目效果反馈情况采取激励措施。项目实施尽量强化市民、群体和地方社区的通力合作，拓宽居民参与空间。

面向高危人群和脆弱人群的安全项目，见表 7—1。基于自然环境来确定高风险环境，见表 7—2。基于社会经济环境来确定高风险环境，见表 7—3。

表 7—1　　面向高危人群和脆弱人群安全项目

类型	干预策略	项目
低收入群体	环境改造	基于国家基本生活安全系统，所有老的 LP 壁炉用气设施更新服务；向低收入家庭发放居家消防设施；社会福利设施的安全检查；促进低收入家庭购买火灾保险
社区及工作场所少数民族	教育	面向驾驶员和公司开展交通安全培训；在造船公司，针对安全工作环境的促进项目来减少工作事故；市场燃气安全检查日；消防战士的灾后心理创伤与应激反应预防和精神支持活动

续表

类型	干预策略	项目
故意伤害风险人群，包括犯罪受害者和自我伤害人员	教育	成立自杀和心理咨询热线、进行心理教育；开展釜山市民心灵关爱日（心理健康咨询）；居民心理健康教育；建立友爱热线
	促进	自杀预防项目；自杀预防热线促进；发放自杀预防宣传页和传单
	执法	建立地方自杀预防网络；建立老年人自杀预防网络；建立自杀预防专家委员会；建立安全网络；安装安全的 CCTV；组织社区志愿者巡逻队；在犯罪猖獗区开展夜晚巡逻活动；为死者家庭提供支持；成立生命安全体验中心
受虐人群	教育	性暴力定制教育；失踪、诱拐、性侵犯木偶剧；老年人虐待预防教育和慰藉；性侵犯和家庭暴力预防；学校暴力预防项目；学校暴力预防心理和儿童安全指导员；成立儿童性侵犯咨询中心；成立釜山市健康家庭支持中心；成立儿童保护综合中心
	执法	成立地区儿童中心；儿童安全保卫；聘用心理治疗师；成立釜山东部老年人虐待预防中心
无家可归者	管理	为无家可归者成立免费的庇护所
处于自然灾害风险中的人群	教育	儿童灾害安全体验课程；为学校组织灾害安全观光；119 安全体验中心；驾驶员救援措施和急救知识培训；火灾预防和相应措施培训；消防指挥员培训教育；地区灾害减缓课程；寒潮准备和事故预防活动；城市高速公路清扫演练；“安全检查日”活动；韩国灾害响应培训课程
	环境改造	高风险设施的安全检查；高风险的房屋电力安全检查；灾害电力安全准备活动；为受害者准备临时避难场所

续表

类型	干预策略	项目
处于自然灾害风险中的人群	管理、执法	成立社区志愿灾害预防组织；成立专门的监控队伍来收集灾害征兆；建立灾害安全网络；冬季灾害准备培训；成立灾害预防设施体验中心；成立大雪清扫部门；成立灾害心理支持中心；灾害管理科

表 7—2　　基于自然环境来确定高风险环境

环境	现有状况	项目
地理特点	海岸线不规则带有复杂的地质构造、海水深；海浪的波动造成海岸侵蚀严重；海边捕捞使溺水事故风险高	旅游安全；海事安全
天气	经常下雨，尤其是在夏天，局部暴雨和强风	灾害预防与准备
道路	海滩多，地处山区，道路网络的发展不能适应交通的需要	交通安全

表 7—3　　基于社会经济环境来确定高风险环境

现有状况	项目
老年人比例高于其他城市	家居和家庭设施安全
学生占釜山市总人口的21%	学校安全
和10个建设目标对应的特殊项目，在港口和周边区域建设一个国际工业综合体，促进亚洲东北边中心港湾的建设，创建财政综合体，在釜山东南方向建设一个新的机场，举办2020年夏季奥运会	旅游、海事安全
釜山市体育运动设施达2 512个，举办国际运动比赛	
釜山的企业数在韩国排第三，在釜山的企业中，服务业占的比重最大，达到69%	工业安全

基于伤害发生地点的入户调查，确定高风险环境。例如，釜山伤害发生最多的地方依次是居民区、道路、交通设施、教育设施、工业企业等；老年人伤害发生最多的场所依次是居民区、道路和交通设施、户外和文化设施场地。

通过安全社区项目评估，釜山市利用项目过程分析和结果分析的方法总结出项目成功或失败的经验，作为改进和完善项目的决策依据。在项目实施后，鼓励项目实施单位反馈项目信息，撰写项目报告，向釜山市促进委员会提交，项目评估组（由国内外的专家组成）审视评估结果后，在釜山市各部门报告评估结果。

四、以证据为基础的项目促进

釜山市积极推行世界卫生组织证明有效的安全项目和措施，同时，鉴于特殊性，釜山市主要是基于哈顿矩阵，分析各特定伤害的危险因素，并有针对性地采取干预措施。下面以自杀预防为例（见表7—4、表7—5）说明其过程。

表7—4 基于哈顿矩阵的自杀危险因素

阶段	因素			
	自身因素	作用物	物理环境	社会经济环境
事前	压抑 愤怒 自我控制力弱 慢性疾病 青年人暴力 独居老年孤单感	容易获得药物或毒品	高层建筑 地铁 海滨 桥梁	缺乏对自杀倾向和症状的了解 家庭关系不和谐 社会、经济条件不良 媒体和互联网的影响
事中			自杀高度和地点	

续表

阶段	因素			
	自身因素	作用物	物理环境	社会经济环境
事后	医疗机构的作用 治疗过程 积极培训 心肺复苏技术培训			缺乏对自杀幸存者和其家庭的支持 缺乏自杀再现项目

在Haddon矩阵分析的基础上，结合釜山市实际，制定和评估干预措施。

表7—5　　基于哈顿矩阵的自杀干预措施

阶段	因素			
	自身因素	作用物	物理环境	社会经济环境
事前	忧郁疏导、治疗 青年人暴力预防教育 检查压力管理措施 愤怒管理教育 精神健康改善教育 老年人药物滥用预防	凭医生处方方可购买药物	关闭通往屋顶的渠道 改善自杀未遂地的环境 在地铁站安装幕门	自杀未遂倾向的认识和教育 控制媒体报道 暴力预防教育、受害者疏导 学校暴力预防 严格控制鼓动自杀的媒体和群体 灾害服务热线
事中			改善自杀未遂地的环境	
事后	医疗机构的作用 治疗过程 急救培训 心肺复苏技术培训			支持开展相关家庭服务的咨询组织

同时，釜山市和高校、专家进行合作，积极引进先进的理论和技术，例如，2012 年，基于温斯朗先生的论文“安全社区—全球思想和地方行动”，对釜山市安全社区项目采取了策略；2009 年，水原大学医学院作为釜山安全社区项目支持机构和认证中心签署协议，为促进国际安全社区认证进行学术研究交流。2011 年 9 月，釜山市和国际安全社区支持中心签署协议。为更好地促进釜山安全社区项目，釜山市还定期举办理事会议。

自 2009 年以来，釜山市和地方大学（水原大学医学院）签署协议、成立釜山市安全促进研究中心，为安全社区建设提供技术支持。

五、事故伤害监测体系

为了能全面掌握釜山市事故伤害发生情况，釜山市建立了死亡分析、居民医疗伤害数据及急救中心数据监测体系，警察、消防等部门为主要渠道的伤害监测体系。除此之外，釜山市还积极开展居民 KAP（行为）调查、老年人活动中心等高风险环境风险识别调查等工作。例如，釜山市安全促进研究中心开展公民的安全意识和行为调查，每年从釜山交通运输公司获取地铁事故数据等。在事故伤害监测及各类调查、访谈的基础上，釜山市国际安全促进研究中心撰写年度伤害数据监测报告，并向相关组织发布，使整个社会和相关组织掌握事故伤害情况，从而有针对性地调整安全促进工作。

釜山市事故伤害收集渠道和信息见表 7—6。

釜山市每年向相关部门和组织发布伤害统计报告，而且还支持各机构将发布的数据和伤害指标作为指导来制定和调整安全政策。釜山市以年度收集的数据和分析建立的伤害数据库及来自 13 个部门的行政管理数据为依据，来策划釜山市安全项目。

表7—6　　釜山市事故伤害收集渠道和信息

伤害	数据	数据来源	周期
死亡	死亡数据	韩国统计局	每年
	釜山市警察局非正常死亡年度报告	釜山警察局	每年
住院	医疗急救中心伤害数据	釜山市的4个医疗急救中心	每年
	入户调查	釜山安全促进研究中心	5年1次
急救中心使用	医疗急救中心伤害数据	釜山市的4个医疗急救中心	每年
	消防部门的日常记录中119救援活动	釜山消防部门	每年
	入户调查数据	釜山安全促进研究中心	5年1次
	教育机构伤害数据	学校安全和保险协会	每年
	社区健康调查	保健和福利部门	每年
	警察局的交通事故数据	釜山警察局	每年
	警察局的年度非正常死亡报告	釜山警察局	每年
	从业人员事故数据	韩国职业安全健康局	每年
高风险因素	釜山市居民安全意识和行为调查	釜山安全促进研究中心	5年1次
	高风险环境（老年活动中心、日托所、儿童游乐设施）调查	釜山安全促进研究中心	5年1次
	海洋相关事故数据	釜山海岸警卫队	每年
	地铁事故数据	釜山交通集团	每年
	媒体公布的数据	电视台、报纸、网络	每年

釜山市建立了针对高风险群体的伤害监测系统，通过对高风险环境的调查，确定了核心指标、补充指标、可选指标。通过釜山市伤害数据分析系统，识别造成高风险伤害的原因。

釜山市高风险环境相关安全指标见表 7—7。

表 7—7　　釜山市高风险环境相关安全指标

核心指标	补充指标	可选指标
日托中心安全环境总分 老年人活动中心安全环境总分 儿童游乐设施的安全环境总分	应急照明灯的配备率 火灾报警器的自有率 烟雾探测器的自有率 自动喷水灭火装置自有率 急救包的自有率 喷水灭火装置自有率 气体泄漏报警器的自有率 逃生设备或逃生梯的自由率	各区安全认知度 各区日托中心安全环境总分 各区老年人活动中心安全环境总分 各区儿童游乐园安全环境总分

六、有效的评估体系

釜山市建立了较完整的项目评估体系，包括实施过程收集、评估及报告等。一般项目及试点项目的评估采用以下流程，如图 7—7 所示。

釜山市每年都分析伤害数据，准确了解釜山市居民伤害形势和风险因素，并以此为依据策划和实施符合釜山特点的伤害预防项目。伤害监测组每年向市长报告伤害数据收集情况，并向安全社区委员会、工作委员会及其他相关的机构和居民发布，以便他们以伤害数据为依据来调整和评估他们的安全政策。

基于现有伤害的数据分析结果，优先选择最符合釜山特点的项目，选择和集中策略执行目标区域示范项目。通过执行过程、修改、评估的反馈和示范项目的反馈，逐渐扩大项目覆盖面（至 16 个区郡的各个阶层）。

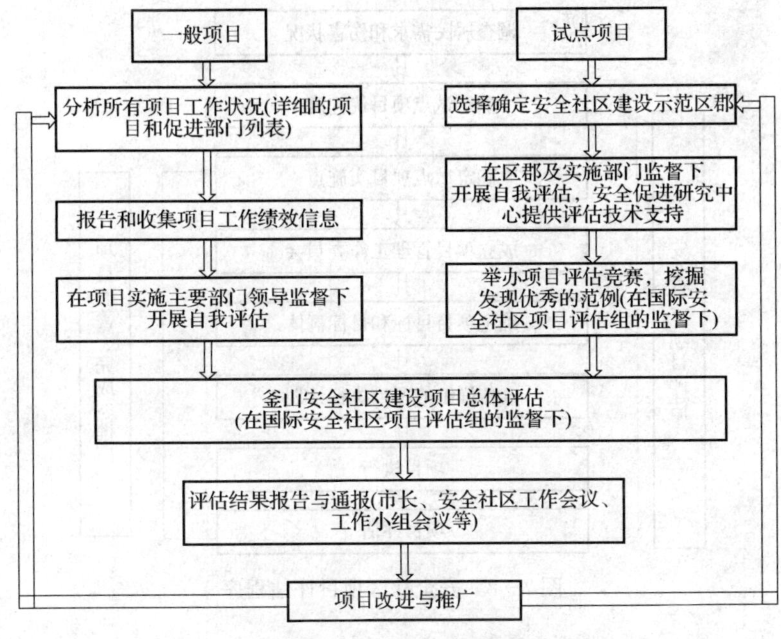

图 7—7 釜山项目评估体系

基于相应标准，釜山市政府和安全促进研究中心联合评估示范项目。同时也通过数据分析来评估项目的有效性，试图发展和推广基于数据的安全促进项目。特别应该注意的是，研究证明辖区开展的老年人预防项目和自杀预防项目是有效的。有效的项目将被应用并被纳入到下一年的社区项目计划之中，这也是项目管理可持续发展、推广、整合等的基础。

安全社区项目评估程序如图 7—8 所示。

七、积极参与安全社区经验交流活动

釜山市积极参与国际安全社区交流活动，和作为韩国安全社区支持中心的水原大学医学院建立合作关系，成立安全促进

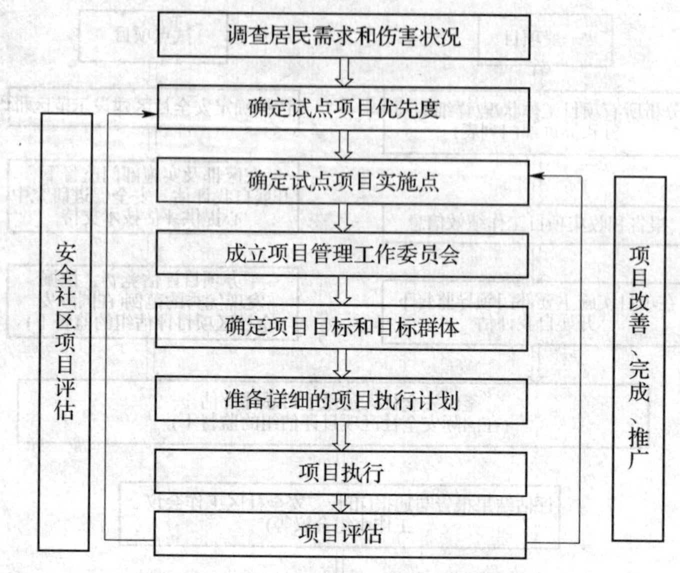

图 7—8 安全社区项目评估程序

研究中心；执行韩国健康和福利部的自杀预防中心的项目；积极和社区安全促进协作中心、日本安全社区支持中心建立合作关系等。

2014 年 5 月，第 7 届亚洲安全社区大会在韩国釜山举办，来自世界卫生组织社区促进协作中心、亚洲安全社区网络及亚洲各国的 400 余名代表参加了会议，交流了安全社区建设经验、分享了典型案例、探讨了安全社区建设发展趋势。

通过几年的运作，釜山市安全社区建设取得了较好成效。釜山市强化了安全促进和伤害预防工作，完善了安全组织网络和跨界合作协同机制，建立了伤害监测系统和政府—高校协同模式，定期分析评估了辖区安全状况和伤害数据，以伤害指标量化分析为基础调整安全政策，为以后安全促进工作的科学合理开展提供了基础；通过推行项目试点和集中化策略，在项目试点评估的基础上推广，避免了以往全面铺开、仅以结果为导向的工作模式，提高了决策的科学性；注重居民的需求，改变了原有“自上而下”“一厢情愿”的推行工作模式等，强化了风险辨识评估，促进了安全工作从事后处置向事前预防的转变。

通过管理、教育、基础设施改善等预防伤害策略的实施，釜山市因自杀、交通事故、火灾等导致的死亡人数持续减少，交通伤害率从 2009 年的 395.1/100 000 人下降到 2011 年的 378.4/100 000，自杀死亡人数从 2009 年的 1 075 人下降到 2011 年的 1 061 人（这几年韩国自杀率持续增高）。

第三节　美国沃斯堡安全社区

美国德克萨斯州 Tarrant 郡沃斯堡（Fort Worth）社区 2011 年开始申请“国际安全社区”评审，2013 年获得认证命名。

一、社区简介与伤害流行情况

达拉斯、沃斯堡（Fort Worth）和阿灵顿是德克萨斯州人口最多的地区，位于中北部，分布图如图所示。辖区面积 351 平方英里，包括城市、郊区和农村。

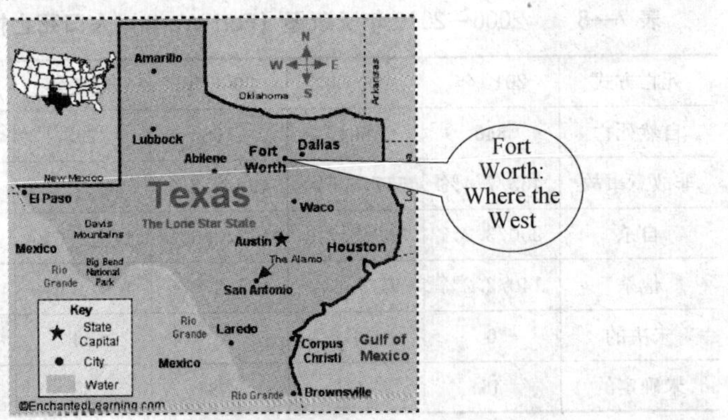

该地区地形多样，有500～900英尺的海岸线，春秋季气候温和，夏季温暖，冬季凉爽。该地区有70万居民，是多民族社区，少数民族占多数。每个年龄段的民族比例不同，岁数大的成年人多不是西班牙白人，孩子和年轻人中西班牙后裔居多。其中，18%的居民在贫困线以下，14%的居民为中等，75%以上的人口中学或大学毕业。

政府管理实行城市参议会管理模式，由秘书、律师、计员、法官等人员组成。参议会成员由区选举产生，但市长由更大范围内居民选举产生，是城市政府领导的首脑。参议会责任涉及制定税率、财政预算、资产改进预算、法令调整等。

沃斯堡地区有5所重点大学，70多万居民，其中女性略多于男性。沃斯堡社区预防伤害计划考虑了该地区文化的敏感性，也考虑了文化水平和收入低等影响因素。此外，沃斯堡社区残疾人比例低于德克萨斯州和美国平均水平。老年人常见的残疾是听力损伤、行动困难、不能独立生活等。沃斯堡社区安全促进项目和预防伤害计划也考虑了这些因素。

2006—2010年沃斯堡（Fort Worth）人口死亡情况见表7—8。

表7—8 2006—2010年沃斯堡（Fort Worth）人口死亡情况

死亡方式	2010年	2009年	2008年	2007年	2006年
自然死亡	843	804	766	798	741
非故意事故	465/7.4%	517/8.5%	492/8.2%	504/7.5%	471/7.0%
自杀	200/3.2%	163/2.7%	182/3.0%	175/2.6%	172/2.6%
他杀	140/2.2%	94/1.6%	118/2.0%	109/1.6%	109/1.6%
未决的	0	1	0	14	5
未确定的	46	43	38	32	8

续表

死亡方式	2010 年	2009 年	2008 年	2007 年	2006 年
Non－Human Remains	11	12	13	13	13
报告死者数	4 541	4 421	4 406	5 085	5 211
总数	6 246	6 055	6 015	6 730	6 730

资料来源：Tarrant 郡体检中心办公室

由上表可以看出，2006—2010 年，社区非故意伤害事故死亡人数占所有死亡人数的 7.0%～8.5%，自杀所占比例为 2.6%～3.2%，他杀所占比例为 1.6%～2.2%。人员死亡主要是由意外伤害造成的，其次是自然死亡和非故意事故。

跌倒。导致非故意伤害的主要方式是跌倒。男人易跌倒死亡，女人易跌倒受到伤害。跌倒伤害和死亡的比例随着年龄的增长而增加，人群主要是老年人群体。Tarrant 郡体检中心多年的数据显示，跌倒风险随年龄的增长而增加，男人比女人更易跌倒。

机动车碰撞伤害。机动车碰撞也是导致意外死亡和伤害的主要因素，将近一半的碰撞会带来不同程度的伤害。德克萨斯州健康服务署数据显示，男性比女性的机动车碰撞伤害和死亡率高，老年人有较高的伤害死亡率，其次是少年和 15～24 岁的年轻人，小孩相对来说最低。

自杀。使用轻武器是导致自杀伤害死亡的主要方式，其次是窒息和中毒。2004—2008 年，沃斯堡社区有 164 人轻武器自杀，73 人窒息，52 人中毒死亡。

中毒。年轻儿童中毒主要是吸食药物导致的。儿童饮食健康监管系统显示，沃斯堡社区每年有 500～600 起中毒案例，多数为药品中毒，主要是 5 岁及年轻人群体。从中毒人数情况分布来看，女性中毒伤害率较高，男性中毒死亡率较高。中毒伤害主要群体是50岁及以上人群，多数是老年人，同时白人中毒伤害和死亡率相对较高。Tarrant郡体检中心数据显示，30～59岁人群吸毒是中毒死亡事故的主要原因。

儿童伤害。Tarrant地区体检中心、儿童饮食健康监管系统和德克萨斯州家庭保护服务处等的儿童伤害数据显示，儿童意外伤害主要形式有坠落、跌落、淹溺、过热、中毒等。

家庭暴力和性侵犯。在美国，家庭暴力是15～44岁年龄段女性伤害的主要原因。Tarrant地区家庭暴力费用每年约5 000万美元，其中70%用于治疗和精神康复。

运动伤害。近年来，德克萨斯州通过新法令来监视高中生运动伤害，14岁及以上群体的运动伤害主要是脑震荡、心脏损伤等。

脆弱性人群。应急管理部门长期识别分析紧急事件中脆弱性人群的需求。为了帮助当地脆弱性人群，他们策划了专门援助项目，允许身体和感知残疾的人群登记注册，以便遇到紧急事件或灾难时有针对性地开展援助。可以利用Fort Worth报警911系统的计算机辅助中心数据，分析脆弱群体的响应需求等。

建设工作愿景是把沃斯堡建设成一个适宜成长、生活、工作和娱乐的安全城市。

二、组织机构建设

沃斯堡安全社区联盟由志愿领导工作组管理，搭建针对8种类型伤害设置的工作组之间的沟通、监督和引导平台。工作组每月开一次例会，每个工作组都包含指导委员会，指导委员会每季度开一次例会。由于所有工作组都包含指导委员会，所以领导工作组的成员也是更高一级指导委员会的成员。

沃斯堡安全社区联盟组织机构如图 7—9 所示。

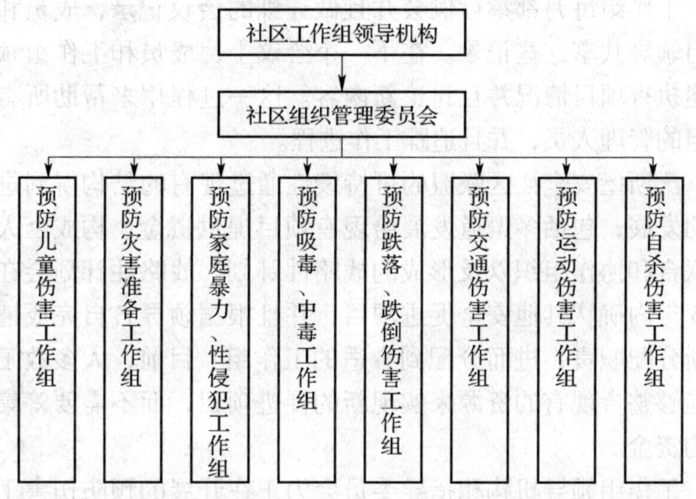

图 7—9 沃斯堡安全社区联盟组织机构图

任何个人或团体如果愿意参与，都可以在任何一个工作组任职。目前沃斯堡安全社区联盟每季度都举行管理委员会例会，例会上工作组的领导要做一个关于工作组进度的简单综述，以确认项目目标。

沃斯堡安全社区联盟包括 54 个组织和机构，包括来自当地政府、紧急情况第一反应小组、医疗和卫生保健工作者、公共卫生组织、社会服务机构、商业会所、安全倡导者、当地企业等的 130 名代表。来自沃斯堡政府和 Tarrant 郡公共健康组织的代表参与了多个工作组。此外，市长办公室、城市管理办公室、Tarrant 郡公共健康机构、警察局、消防局等的成员代表也参与了沃斯堡安全社区联盟。

沃斯堡安全社区联盟于 2011 年 11 月 16 日举行了组织机构

会议，成立了8个预防伤害工作组。同时，还建立了工作组领导机制，来指导管理社区项目。

工作组每月都举行例会并且做详细的会议记录，成员和工作组领导共享这些记录。在下一个会议上，成员和工作组领导综述执行项目情况并且讨论新内容。这一过程用来帮助所有工作组的管理人员，并且追踪工作进程。

沃斯堡安全社区联盟的可持续性通过现有的结构得到进一步的发展，包括多渠道发展给现有项目提供资金、构成巨大网络联合和协作组织以及形成的战略性计划。战略性计划会在未来5年内确认其他安全促进项目，并且根据领导各自完成情况重新分配职责，进而分配到合适的工作组。目前，大多数工作组能够整合现有的资源来实现新的促进项目，而不需要筹集大量的资金。

工作组领导机构和指导委员会为正在开展的预防伤害工作组的协调和合作提供平台，这些活动是由志愿者领导和管理的，不需要大量的资金支持。

获得命名后，沃斯堡安全社区联盟组织的大本营从沃斯堡应急服务联盟转向北德克萨斯大学健康科学中心，这种转变整合了大学技术资源，拓宽了视野。

三、伤害预防计划实施

在2011年11月的组织会议上，社区组织委员会分析了一系列伤害数字。基于这些数字，通过如下策略优先开展预防伤害干预和安全促进项目，即儿童伤害、毒品吸食过量或者中毒、跌倒、交通伤害、运动伤害、自杀。

沃斯堡社区伤害风险和类型见表7—9。

表 7—9　　　　沃斯堡社区伤害风险和类型

伤害类型	风险和伤害类型
儿童伤害	意外伤害的主要诱因 从建筑物或者自行车、滑板或其他有轮子的玩具上跌落 在人工水域（游泳池、浴盆）和自然水域（池塘、湖、溪流）中溺水身亡 汽车暴露在热光下引起的亢奋或者运动过量 摄取药物引起的中毒和非药物性中毒
毒品吸食过量或者中毒	是 30～59 岁人群死亡的主要原因 对于儿童，大部分中毒是药物中毒，其中 5 岁及更小年龄儿童是主要受伤害群体，成年人和 50 岁以上的成年人因中毒或者毒品吸食过量而受到伤害的比例最大
跌倒	跌落是意外伤害的主要原因 是引起老人意外死亡的主要原因 随着年龄的增大风险增加 相对于男人，女人更容易受伤
交通伤害	相对女人而言，男人在车祸中受伤害和死亡的概率更高，工作年龄段的成年人的车祸死亡率更高 车祸受伤害和死亡概率最高的是 65 岁以上的老人，其次是 15～24 岁的非裔美国人，其次是白人
运动伤害	由于青少年运动员因心脏骤停、脑震荡等而受到的伤害不断增加，导致了针对 14 岁以上人群的新的州立运动管理方法的出台
自杀	65 岁以上老人的自杀死亡率最高 15～24 岁人群因试图自杀而受到伤害的概率最高

1. 根据伤害数据进行决策

在高风险地区专门成立工作组，工作组首先着手收集 2011 年 11 月会议上的初步伤害数据，然后再深入研究分析这些数据背后的原因。工作组的成员包括来自当地组织的代表，这些组织已经实施了一些伤害预防措施或促进项目。

社区实施的预防伤害干预和安全促进项目，见表7—10。

表7—10 社区实施的预防伤害干预和安全促进项目

工作组	主要参与者
儿童伤害	儿童联盟：虐待儿童干预，虐待儿童防护，高烧发热，儿童陪护 库克儿童医疗系统：创伤伤害预防 育儿中心：育儿技能，虐待和忽视儿童防护 Tarrant郡儿童安全联盟：溺水预防，儿童汽车安全设施
灾害预防	沃斯堡市应急管理办公室：特别援助计划和进一步计划 红十字会 上门送餐服务
家庭暴力、性侵犯	一个安全地方：家庭暴力干预 塔兰特县避风港：家庭暴力预防和干预 妇女中心：强奸危机，学龄儿童的性侵防护计划
吸毒过量或者中毒	塔兰特县儿童安全联盟：中毒预防 沃斯堡自来水公司：半年度药物回收计划
跌倒、跌落	塔兰特县老年人办事处：平衡跌倒预防 塔兰特县老人服务：平衡跌倒预防 HomeMeds 沃斯堡警察局：高级辩护人
车祸、职业安全	沃斯堡自行车、行人安全专责小组：自行车车道和人行道的安全计划 美的斯达特快专递：Roadrageous 反攻击性驾驶课程
运动伤害	德克萨斯州 Ben Hogan 健康运动医学部：脑震荡 德克萨斯大学的阿灵顿运动医学部：脑震荡和热损伤 库克儿童医疗系统：心脏骤停
自杀	塔兰特县自杀联盟：预防，教育，干预和事后介入

工作组检查社区伤害预防干预时，发现各个社区间存在差距。例如，Tarrant郡儿童安全联盟的工作进行得很好，已经解

决了溺水干预和汽车安全座椅配置等问题。为了降低跌落风险，沃斯堡市已经通过了新的建筑物标准来规范二楼的窗户和阳台设置。

工作组还使用 GIS 绘图来细化目标干预区域。其中的一个例子是过量吸毒或者中毒预防工作组已经完成的一个工作。由于知道用药过量和中毒的风险源于没有处理好剩余药物，工作组决定实施药物回收计划。在沃斯堡水务局、警察局和美国联邦司法缉毒局的协助下，这个计划每年均可增加药物回收量。沃斯堡警察局决定首先在 3 个地方（有着较高程度的药物滥用和中毒的地区）设置药物回收箱，进行为期一年的项目试点。

2. 选择要发展的促进项目

通常每个工作组首先根据数据来确定需要优先解决的问题是什么，然后确定在社区中是否已经存在用来解决该问题的措施。工作组并不希望重复原有的措施，而是寻找可以弥补伤害预防差距的计划和措施。接下来，工作组会考虑在其他地方已经取得成效的措施，并在原有社区之间就解决这个问题建立一些新的联系。

3. 基于研究的促进项目

对每个工作组来说，首要任务是找出基于证据或者基于研究测试的干预措施，然后再进行复制。工作组面对的挑战是大多数发展和辨识基于实验测试和证据的干预措施的最终目的是产生干预作用，而不是预防作用。为了解决这个问题，工作组正在使用“预防框架谱（Spectrum of Prevention Framework）”来确定一系列有效的干预措施。

沃斯堡安全社区联合工作组预防伤害排列，见表 7—11。

表 7—11 沃斯堡安全社区联合工作组预防伤害排列

伤害类型	儿童伤害	灾害预防	家庭暴力、性侵犯	药物滥用、中毒
政策和立法	设法完善包括滑板、溜冰、脚踏车等在内的头盔条例			
改变组织的做法	设法加强现行的自行车头盔条例的执行力度			在3个实验点安置固定的药物回收箱 对慢性疼痛患者的处方药实行新的标准
促进联盟和网络	每一个工作组都在以确定的伤害预防优先顺序，通过网络提供商和其他支持者，来扩大网络的范围			
教育提供者			教授护士识别家庭暴力的现象	
推动社区的教育	教授公众有关现存的自行车头盔条例的内容	教授 FWISD 学生关于灾害预防的知识		
加强个人的知识和技能	关于自行车头盔条例的知识家长要一对一地教授给孩子	有关管理数据库的个人风险教育	在医院的休息室对风险个体派发传单	
伤害类型	跌倒	车祸/职业安全	运动伤害	自杀

续表

伤害类型	儿童伤害	灾害预防	家庭暴力、性侵犯	药物滥用、中毒
政策和立法		对有攻击性驾驶行为的人申请法院的危险驾驶者训练命令 开车禁止发短信条例		
改变组织的做法	创建协议以允许Fort Worth消防部门可直接查阅老年人办事处的跌落病人电话	在所有小客车运行公司采取国家安全委员会的分心驾驶计划		
促进联盟和网络	每一个工作组都在以确定的伤害预防优先顺序，通过网络提供商和其他支持者，来扩大网络的范围			
教育提供者				
推动社区的教育	为老年人建立一个有跌倒安全保障的集市			自杀意识教育
加强个人的知识和技能	跌倒之后及时拨打911并告知相关信息	对有攻击性驾驶行为的人进行危险驾驶者训练以减少风险	培养年轻的志愿者教练来预防头、脑和心脏损伤	自杀意识教育

大部分项目的重点都是一级或者二级防护，这些相关的项目见表 7—12。

表 7—12　　沃斯堡安全社区预防伤害防护

伤害类型	一级防护	二级防护	三级防护
儿童伤害	自行车头盔项目		
灾害预防	防灾训练	管理注册	
家庭暴力、性侵犯	资源信息推广	筛选针对家庭暴力的社区最佳实践模式	
药物滥用、中毒	药物回收箱	慢性疼痛患者处方指南	
跌倒	有关头盔平衡跌倒防护的安全公平问题		
车祸、职业安全	国家安全委员会的分心驾驶项目	危险驾驶者	
运动伤害	青年运动教练训练		
自杀	自杀预防和教育策略	自杀干预策略	自杀事后处理策略

沃斯堡安全社区联盟计划和措施选择决定书如图 7—10 所示。

四、重点安全促进项目

查阅关于伤害的统计资料有助于识别那些面临不同类型可预防伤害的高风险人群。

沃斯堡的高风险人群见表 7—13。

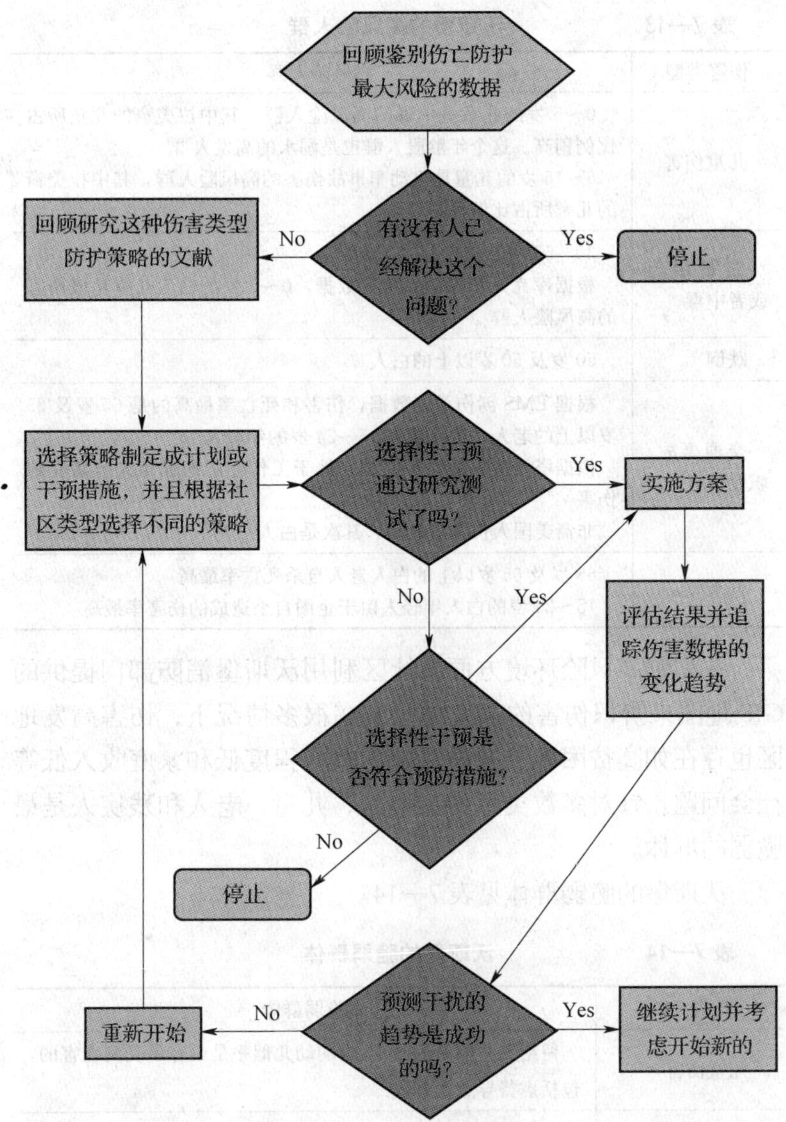

图 7—10 沃斯堡安全社区联盟计划和措施选择决定书

表 7—13　　沃斯堡的高风险人群

伤害类型	高风险人群
儿童伤害	0～5 岁的儿童是中毒的高风险人群，其中拉美裔的儿童所占比例稍高。这个年龄段人群也是溺水的高发人群 6～15 岁的儿童是机动车事故伤害的高风险人群，其中拉美裔的儿童所占比例稍高
过量用药或者中毒	30～59 岁的成年人 根据库克儿童保健系统的数据，0～5 岁的白人儿童是该伤害的高风险人群
跌倒	50 岁及 50 岁以上的白人
交通事故、职业伤害	根据 EMS 创伤登记数据，伤害和死亡率最高的是 65 岁及 65 岁以上的老人，紧接着是 15～24 岁的年轻人 根据塔兰特医学检验数据，处于工作年龄的成年人容易受到伤害 非裔美国人伤害率最高，其次是白人
自杀	65 岁及 65 岁以上的白人老人自杀死亡率最高 15～24 岁的白人年轻人由于企图自杀造成的伤害率最高

在识别高风险环境方面，社区利用沃斯堡消防部门提供的 GIS 地图来辨识伤害的高发地区。在很多情况下，伤害高发地区也存在如高贫困率、高失业率、教育程度低和家庭收入低等社会问题。针对多数类型伤害而言，儿童、老人和残疾人是最脆弱的群体。

沃斯堡的脆弱群体见表 7—14。

表 7—14　　沃斯堡的脆弱群体

伤害类型	脆弱群体
儿童伤害	留给父辈照看的 0～5 岁的幼儿似乎是最容易受到伤害的，包括虐待导致的外伤
防灾准备	在生理和认知方面有缺陷，影响其行动能力和指令响应能力的居民容易受到伤害。单独居住的人们是最脆弱的群体

续表

伤害类型	脆弱群体
家庭暴力、性侵犯	15～44 岁的妇女是对家庭暴力抗击能力最脆弱的群体
过量用药、中毒	老年人在过量用药和中毒方面伤害率最高
跌倒	老年人是最容易摔倒的群体，其中单独居住的老人是最容易受伤的
自杀	自杀者的家庭成员是最容易自杀的，这也说明对自杀幸存者提供即时帮助是非常重要的

基于伤害数据的调查和高风险群体、高风险环境以及脆弱群体的理解，沃斯堡安全社区联合会开发并且开始执行了下列专门针对这些群体、环境和人群的安全促进及伤害预防项目。

自行车头盔项目。过去 5 年库克儿童医院的创伤登记中，有 422 个儿童由于自行车、滑板、溜冰和踏板车（小型摩托车）受伤，其中发生事故时只有 10.6%的儿童穿戴了保护装置。最近，当地政府颁布了关于自行车头盔的城市条例，但遵照执行的城市较少。该项目旨在对社区开展关于该条例的教育，再次提醒激励沃斯堡政府监管部门强制执行该条例。2012 年 5 月，社区开展了该项目的奖励和教育活动，包括头盔上贴有关于条例的信息；推广活动集中于伤害多发地区；在电台上广播关于该条例的公共服务公告；在城市网站和“Kids Ride”链接上张贴新闻稿；对骑自行车时正确佩戴头盔的孩子们发放冰淇淋优惠券。

交通警察为骑自行车的青少年佩戴头盔，如图 7—11 所示。

Know What to Do 项目。Know What to Do 网站为北德克萨斯中部提供了关于恶劣天气、危险物质、流行病、恐怖袭击、群体性暴力事件、气井、管线以及一氧化碳中毒事故的应急准备信息。工作组利用该网站提供的材料针对两个目标人群（社

图 7—11　交通警察为骑自行车的青少年佩戴头盔

区三年级、四年级学生；有精神疾病和智能障碍的人群），开发了一个交互式的教育项目。

攻击性驾驶项目。工作组策划了一个旨在影响个别司机和攻击性驾驶的项目，希望能够缓解车队公司员工分心驾驶问题。措施包括通过法院审核，公开介绍系列具体交通违规行为；在所有的当地汽车车队公司推广国家安全委员会“分心驾驶”项目；与德克萨斯州交通部一起，开展“反对攻击性驾驶月”活动，张贴反对攻击性驾驶折页等。

五、有关伤害类型、数量级原因的监测数据

联合会使用的数据有几个不同的来源，这些数据使用的参数略有不同，不同数据组之间不好进行对比。定期更新和公开这些数据，有助于追踪事故伤害变化趋势。数据组和数据来源包括：

1. 库克儿童医疗系统的医药科技数据库

首先建立儿童医疗系统的医药科技数据库。具体内容略。

2. 沃斯堡消防部门和警察部门

消防部门和警察部门保存电话报警数据，还能把数据输入GIS地图工具中，显示特定地理区域的伤害事故密度。MedStar同时维持两个数据库，用以观察EMS相关的报警电话。计算机辅助处理（CAD）数据，监测报警电话的位置和类型以及做出反应的时间等。

3. 塔兰特公共卫生、流行病和健康信息部

该部门负责协调来自健康情报中心内外部的有关健康数据的连续生成、分析和宣传。目的是为社区跟踪监测健康状况和规划评估卫生服务提供相关的健康情报（即健康数据和信息）。

4. 德克萨斯州立卫生服务部，EMS或者创伤登记（www.txetra.com)

该部门负责收集、分析和宣传德克萨斯EMS事故、创伤和可报告伤害的信息。给伤害治疗系统分配资金时也使用这些数据。

5. 德克萨斯州立健康服务部，健康统计中心

它们为德克萨斯健康相关数据提供方便存取点，是社区健康评估和公共卫生规划的信息来源。数据为科学研究、应用和政策发展以及卫生事件紧急快速响应提供支持。

收集到的数据显示对于大部分常见的伤害和风险，摔倒是意外伤害的主要原因。由摔倒导致的受伤率和死亡率随着年龄的上升而增加，在老年人中发生的比例最高。

机动车事故也是受伤和死亡的一个主要原因，大约一半的机动车事故会导致不同类型的受伤。2006—2010年，机动车事故的死亡率有轻微下降，未引发伤害的事故比例略有上升。

中毒也是意外伤害的一个主要原因，老年人在用药过量和中毒方面面临的风险也最高。女性因中毒而导致伤害的风险最

高，而男性更可能因中毒而死亡。

儿童最可能因摔倒、溺水、高烧、中毒和婴儿睡眠安排不当而受伤。儿童可能是从建筑物上摔下，也可能因骑自行车、滑板、滑冰和滑板车不熟练而摔倒。

关于自杀，通常是女性试图自杀，而男性更可能因自杀而死亡。白人发生自杀受伤和死亡的比率更高。相比其他年龄段人群，青少年因自杀受伤的比率最高，而老年人自杀最可能导致死亡。

所有工作组把 2011 年 11 月首次会议提供的数据作为调查当地伤害的起点。确认伤害种类次序后，工作组查阅沃斯堡当前执行的伤害预防和安全促进方面的倡议，这有助于进一步限定工作组倡议的关注范围。

六、有关安全促进项目、工作过程、变化效果的评价方法

由于沃斯堡安全社区联合会是个年轻的组织，工作组还处于项目执行的初期阶段，在项目成果、居民伤害、知信行等的变化方面数据支持不够，对每一个项目，都已经实施了或者正在实施影响评估。

沃斯堡安全社区联合会评估策略见表 7—15。

表 7—15　　沃斯堡安全社区联合会评估策略

项目	评估策略、结果判定指标
自行车头盔项目	按照邮政编码将因不佩戴安全装置而导致的事故和头部受伤比率进行统计，重点关注事故多发和头部受伤率高的区域；将此数据与项目开始一年后发生的事故数量和骑自行车时不佩戴安全装置导致头部受伤的比率进行对比

续表

项目	评估策略、结果判定指标
特殊需要援助项目（SNAP）登记	通过登记量的增加来评估项目 底线是3%
沃斯堡独立学区（FWISD）灾难准备培训的学生和塔兰特 Mental Health Mental Retardation（MHMR）的顾客	项目将通过以下方面进行预评价和效果检验： 知识获取 与灾难准备有关的态度
家庭暴力资源信息推广	安全庇护所将追踪接受服务的当事人从何处获得的信息
社区家庭暴力筛查的最优方法	在项目实施前后，对参与者进行知识信息获取和对待家庭暴力态度方面的测验 计算接受该训练的部门员工的百分比
药物回收箱	会在回收箱安装前和安装1年后，对目标区域的因过量用药或中毒拨打911的报警电话数进行GIS绘图。
处方指南	对比项目实施前和实施1年后的过量用药死亡率
跌倒、身体平衡问题、家庭常备用药	绘制摔倒事故数的GIS地图 持续评估高密度区域，AAA将在这些区域集中力量 随着项目的推进看红色区域是否变绿
Road Rageous	查阅培训前后一年内每个参与者的驾驶记录
分心驾驶预防项目	分析沃斯堡机动车事故的发生频率，以确定项目实施前后机动车事故是否减少
青年运动教练培训	在知识获取方面进行先期测验和效果测验 监测青年运动教练接受该培训的比率以及接受在线培训的比率
自杀	LOSS小组活动对幸存者的影响 警察部门和LOSS小组间的协作 在LOSS小组任职的影响

工作组将评估结果用来确定如何改善他们的项目，以提高其有效性。如果评估结果表明某项目不起作用，那么该项目可能会被中止，然后介入一个新的可能更有效的项目。

七、国际安全社区经验交流

2003 年沃斯堡国际姐妹城市迎来了它们最成功的一年。应急准备合作计划项目取得了重大收益。通过这个项目，两个城市在有关公共安全的信息和技术交流方面取得了明显进展。由于沃斯堡与其他姐妹城市间非常成功的外交记录和两个社区间强有力的商业关系，沃斯堡成为第一个与印尼城市对接的美国城市。自从 1990 年正式签约后，万隆和沃斯堡在许多方面（包括沃斯堡妇女大会）都建立了良好的伙伴关系，讨论护理交流项目、市政交流项目、污水管理、安全和经济发展等问题。作为沃斯堡的姐妹城市，万隆学到了很重要的方法，为政府提供更安全的社区规划。沃斯堡与万隆分享他们提高人民生活水平的策略和方法。

沃斯堡安全社区联合会从美国安全社区网络和国际安全社区网络中受益颇丰。随着联合会的推动和发展，社区会继续寻求改善和预防社区伤害的方法。通过参加网络活动，使沃斯堡社区对其他区域改善、发展和执行的新项目有所认识，这将有助于提高沃斯堡的居民安全，把沃斯堡建设成为一个更安全的生活、工作、娱乐和学习社区。

第四节　新西兰罗托鲁阿安全社区

罗托鲁阿是新西兰北岛中北部的一座工业城市，社区地处罗托鲁阿湖南畔，距奥克兰（Auckland）市 221 公里，是毛利人聚居区和著名的旅游胜地。全市遍布热泉，市郊森林密布，辖区面积 2 614. 9 km^2，是罗托鲁阿湖南部海岸线环绕的中心城市，是有名的旅游胜地（湖泊、森林、公园和自然温泉等），平均每天约有 8 500 名外来游客，也是新西兰毛利人的文化中心。2006 年人口达 6. 6 万人，其中 36%的人口为毛利人，大约 20%的人口居住在农村和湖泊区域。

2001—2005 年，该地区有 164 人死于伤害，主要原因是交通事故、自杀和跌落。在 2001—2007 年的几年中，平均每年有 1 013 人由于伤害住院，其中 1/3 在家中受伤。

一、组织机构建设

罗托鲁阿委员会是安全的倡导者。2003 年作为布莱特文化项目的一部分，明确了 8 个罗托鲁阿社区发展理念，确定了建设"安全和关爱社区"的工作愿景。

社区目标是建设安全友好的社区，这意味着家庭安全和谐，人民友善，尊重文化多样性，犯罪率低，支持年轻人健康成长等。

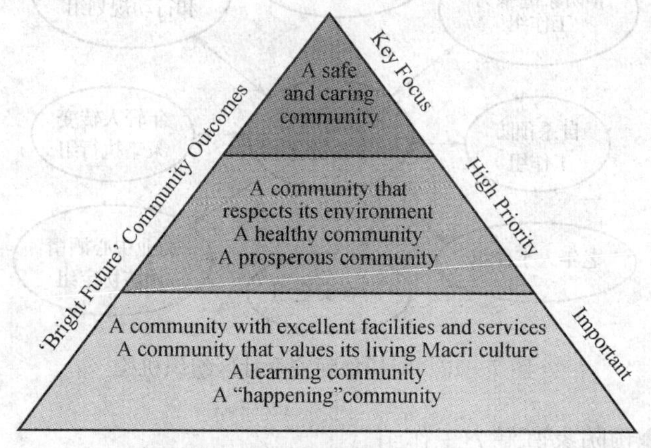

Rotorua Community Outcomes

2005 年社区成立了旅游安全工作组，主要成员包括罗托鲁阿委员会、湖区健康组织、警察局、事故赔偿协会。2008 年进一步明确了社区的愿景（Vision）、使命（Mission）和价值(Values)。

◆愿景：建设安全友好社区，尊重人和环境的价值。

◆使命：实施可持续的安全社区改进提升。

◆价值：社区和公众受人尊敬、体制和程序透明、合作关系可持续。

社区多年来一直有一个跨部门、强有力的安全机构，包括预防犯罪咨询组、交通安全合作和行动规划组、年轻人转变策略执行组、商业中心酒精预防协定组、游客安全组、老年人工作组、自杀预防工作组和预防家庭暴力工作组。这些工作组成员均包括政府组织者、志愿者和支持者。安全社区组织机构图如图 7—12 所示。

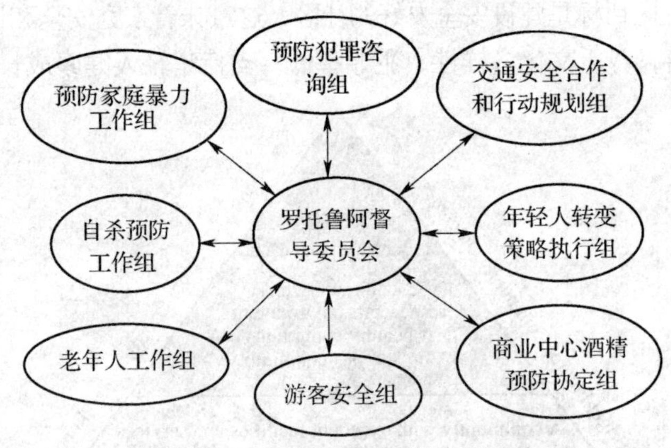

图 7—12　罗托鲁阿安全社区组织机构

◆预防家庭暴力工作组

罗托鲁阿安全家庭是梅奥凯文·温斯特（Mayor Kevin）

2007年成立的内部组织，传播发展安全理念，预防孩子遭受暴力伤害；其目标是预防家庭暴力，确保大家得到有效、合适的服务。安全家庭行动计划包括所有人与人之间的暴力伤害，不局限于孩子、老年人和伴侣的虐待伤害，也涉及工作场所、运动场和社交场景的伤害。社区和政府组织建立预防家庭暴力网络，发挥跨部门职能，干预和预防家庭暴力伤害。每月网络各部门成员举行聚会。

◆交通安全合作和行动规划组

交通安全合作和行动规划组每月举行协商会议，讨论道路安全项目、实施道路安全行动等；其工作目标是减少交通事故和降低事故后果严重性。主要在交通路口针对年轻人的酒驾、超速等开展干预工作。

◆预防犯罪咨询组

预防犯罪咨询组重点关注CBD和其周边的社区安全；减少旅游相关犯罪；减少饮酒和吸毒人数等。

◆商业中心酒精预防协定组

商业中心酒精预防协定组的任务是改善纷争方式，降低争吵噪声；促进伙伴关系；改善利益冲突和检举的处理方式；监测记录效果，尽可能使记录方与外界保持沟通等。

◆自杀预防工作组

自杀预防工作组成立于2008年，由区健康组织DHB负责，开展预防自杀项目。

◆游客安全组

游客安全组的任务是减少游客成为罪犯的机会；确保游客知晓道路安全规则，降低交通事故；增强旅客安全意识。

◆老年人工作组

老年人论坛提供一些学习和工作的机会，通常聘请一个演讲嘉宾，展开讨论，让老年人参与项目。演讲内容包括预防老年人跌倒，开展邻居支持活动。

◆年轻人转变策略执行组

年轻人转变策略主要是使年轻人充满活力，乐观、自信地挑战未来，掌握良好的知识和技能，为未来做准备。近年来备受关注的年轻人伤害风险主要包括与酒精和毒品相关的伤害、精神健康、宿舍安全、自杀或自我伤害、家庭暴力等。

二、预防计划要求

社区从伤害数据和居民关注点出发，确立了一系列安全重点。伤害数据主要来源于职能部门和社区促进委员补充的数据。

无论是有意的还是无意的，酒精是造成伤害的主要因素。针对涉及酒精就医的伤害干预，减少酒精导致的伤害是重要的安全事务。社区指导委员会与CBD商业中心合作，策划实施旨在降低酒精引发伤害的预防措施。

家庭暴力、入室抢劫和公共场所暴力等暴力犯罪，是值得关注的安全问题。警察局数据表明几年来公共安全状况得到了有效改善，针对年轻人、毛利人等群体实施了很多安全项目。

道路安全也是值得关注的安全问题，社区有优秀的道路安全管理团队，实施了设置限速、禁止酒驾等伤害预防策略和行动。

社区重点干预群体如图 7—13 所示。

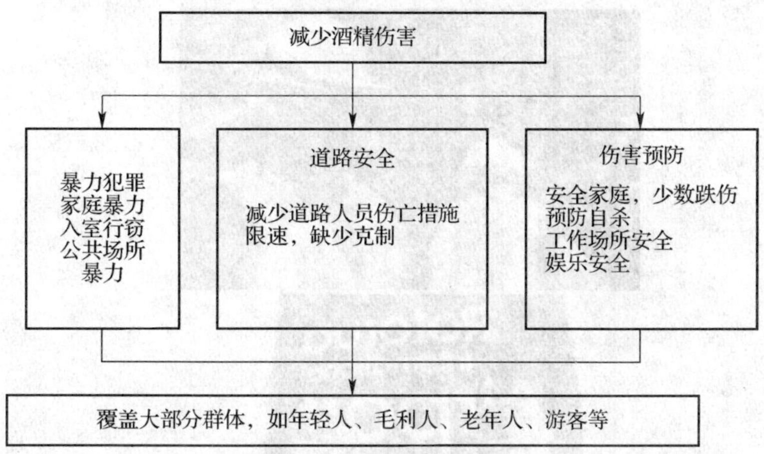

图 7—13　社区重点干预群体

社区根据迫切需要成立了许多安全工作组。每个工作组都要评估安全项目效果，明确绩效评估方法，分享评估信息，推广已被证实的优秀的促进项目。许多安全促进项目已被证实是持续有效的。这里只列出少数的重要项目。促进项目实施时间随问题的优先序而变化。

◆暴力犯罪

中学生预防酒精和毒品使用

Awhina 中学设置可选安全教育课程

儿童和成年人安全社团

◆道路安全

“酒驾”不“酒驾”，你决定

成年人——前排和后排系安全带

“反酒驾活动”——假期活动促使酒驾减少

驾驶证许可

十字路口促进

社区道路安全基金

◆预防伤害

ACC 河流安全项目

ACC工作场所安全研讨会

预防酒精和毒品服务倡议

父母培训课程

水安全知晓周

妇女培训课程

罗托鲁阿当前主要安全促进领域是降低暴力犯罪率、预防道路伤害。社区明确了各具体项目的名称、主要组织团体、参与团体、资金、项目目标、针对群体、项目评估方法、项目未来方向等。

◆城市援助项目

城市援助项目旨在减少和预防犯罪，提高游客的满意度。2007和2008年夏季开展了充当警察“眼睛和耳朵”活动。

通过警察局犯罪统计数据、游客监测中心的安全和满意度数据、区域安全感知调查、项目参与者的反馈信息、城市援助全体反馈信息等来评估项目效果。

◆对家庭暴力说“不”

家庭安全和暴力预防是社区的工作重点。社区建立了家庭暴力预防网络，针对那些对妇女儿童暴力说“不”的群体及与家庭暴力有关的人群开展干预。

◆十字路口安全

(1) 神秘嘉宾举牌子“风险无处不在”，进行风险告知。

(2)“转，还是不转，他是你的号召”。

调查显示66%的人员看到了道路安全牌，84%的人员通过其他媒体知晓了十字路口安全信息，70%的人员认为信息改变了其驾驶行为。

◆BURU道路安全培训

BURU道路安全培训的目标是减少高速公路事故，制作了如“系安全带驾驶” “湿滑慢行”和“警惕超速杀手”等提示牌。

◆联合湖安全项目

社区有14个湖泊，2001—2005年有7人死亡。项目旨在增强儿童水上安全意识，提升其安全生存技能。内容包括如何穿夹克安全跳入深水中；游泳技能和冷水生存技巧；无通信自救；皮艇使用等。

◆森林安全文化

森林是社区的重要组成部分，也是地区的主要经济行业。森林安全是一个协助项目，由劳动部门、ACC、PF等部门组成，旨在提升森林安全文化，预防和减少伤害。该项目包括领导责任、安全系统、交流沟通、资源、持续学习、培训资质、风险探讨、相关工人管理、事故调查、成功认可等项目要素。

三、重点安全促进项目

在社区，“两高一脆弱”重点针对的是暴力犯罪、道路安全和伤害预防。

(1) 通过犯罪数据分析来确认高风险人群是年轻人、低收入人群、毛利人、老年人和游客等。

(2) 召开会议分析、研讨、确定高风险环境，如：

1）工作场所——超过 1/3 的伤害发生在工作场所；

2）家庭——1/3 的伤害发生在家庭；

3）公共场所——与酒精有关的犯罪和暴力事件集中发生在公共场所；

4）道路——18%的伤害发生在道路上。

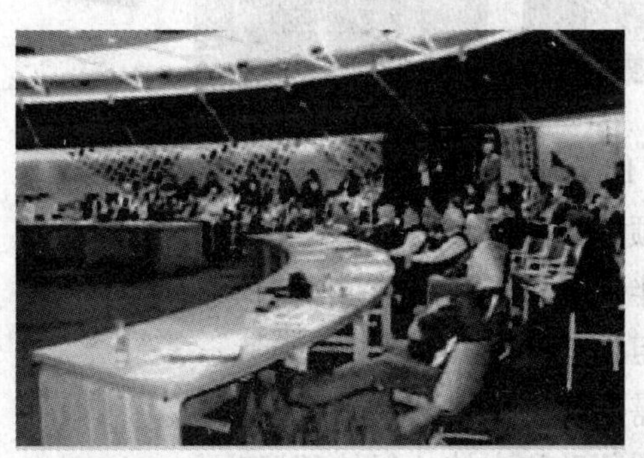

(3) 针对高风险人群、高风险环境开展与酒精有关的伤害预防、暴力犯罪预防、工作场所安全、自杀预防、年轻人和毛利人、老年人及游客安全项目。

◆案例研究——降低酒精伤害

新西兰每年花费 10 亿～40 亿新西兰元来减少酒精相关伤害（自我伤害、自杀、跌倒、溺死、工作场所或家庭伤害和其他暴力伤害）。分析当地与酒精有关的伤害的范围和特点、地区的饮酒率、家庭暴力等。该项目目标是减少与酒精有关的暴力、降低公众暴力伤害率、减少 18 岁以下暴力伤害起数、提高群体安全意识。

项目评估标准是基于犯罪统计和安全调查结果，开展过程评估，获得大家对基本要素的一致认同，建立部门协助机制。数据显示，2003—2008 年，犯罪起数下降了 24%，入室行窃案减少了 10%，车辆伤害降低了 7%，性侵犯伤害起数降低了 24%。

◆妇女 Bloke 工具箱

1）照顾好自己。

2）对伴侣、孩子和同伴诚实。

3）承担思考、感知和行动责任。

4）若需要改变，可与信任的人交谈。

5）得到帮助和支持、保持积极改变。

◆它是你的工作

社区提供关于如何处理家庭暴力的 DVD 光盘。

◆创建安全工作场所

鉴于近 3 年来工作场所伤害有增加趋势，相关伤害赔偿费用增加，于是设计了该项目，包括举行减少吸毒和酗酒、预防车间跌倒、社区工业类培训等主题安全研讨会。目前，参与及反馈的人数在持续增加。

◆预防自杀

2009 年成立了年轻人自杀发泄群，每月开会协商研讨，利用当地的资源，提供有关预防自杀的指导和帮助。项目的目标是降低自杀率，增强应急部门对自我伤害或自杀的关注，增强应急部门、精神健康服务部门、卫生部门等的协作。

YOUTH PROJECTS GET FUNDING BOOST IN THE REGIONS

◆犯罪预防

该地区高风险人群是年轻人和毛利人。警察局数据显示，72%的犯罪涉及 30 岁以下人群，42%涉及 21 岁以下人群。

◆EOHO——唤醒

EOHO 项目涉及罗托鲁阿委员会和 3 个年轻人团体，主要进行领导能力培训、书面提交培训、挑战训练等。

◆照看老年人

1）预防跌倒日。

2）公交大巴——使 55 岁以上的老人增加训练、改善平衡性、预防跌倒。

3）确保游客安全。

◆大洋洲和世界山脉自行车运动

四、有关记录伤害发生的频率及其原因的制度

早期阶段的数据分析可以使社区更好地理解社区安全状况，社区主要数据来源如下：

(1) 交通事故统计数据来自新西兰交通局，新西兰交通局每年出版年报，刊登道路伤害和死亡数据。

(2) 湖区提供关于游客应急处置的伤害数据，包括伤害类型、地点及伤害程度等。

(3) 事故赔偿局 ACC 收集综合伤害数据，用于监测伤害人数、费用和伤害原因，以便做出预防伤害的决策。新西兰统计局也利用伤害数据来分析和研究相关伤害情况。

(4) 警察局每两年公布犯罪统计数据，网站有详细犯罪信息。

(5) 新西兰消防局收集火灾类型、原因及伤亡情况数据信息。

(6) 涉水安全数据库提供娱乐性、非娱乐性和其他溺水死亡数据。

(7) 地区人口普查数据。监测到的数据显示 2003—2008 年，地区犯罪率下降了 24%，其中入室行窃减少了 10%，车辆盗窃减少了 7%。市民对陌生人的信任感从 2003 年的 52% 下降到 2009 年的 46%。从 2004 年到 2008 年，火灾起数增加了 27%，建筑火灾增加了 8%，造成 2 人死亡。

五、有关安全促进项目、工作过程、变化效果的评价方法

社区制定了六项关键评估指标：通过伤害数据监测来证明

安全行为改进；辨识确定支持那些优先关注的、有效的伤害预防和安全项目；评估监控项目有效性；发展现有合作伙伴关系，识别新的合作和资金支持；提升知晓度、采取行动来预防伤害；坚持改进，保持“国际安全社区”称号。

项目评估有助于满足社区需求。社区通过调查问卷、参与者记录、伤害和犯罪数据监测统计等来评估项目效果，不同项目采用不同的评估方法。多数情况下，资金支持者需要提供项目实现目标情况的书面报告。评估结果显示旅游者犯罪和受伤害人数减少；警察局统计显示 2008 年犯罪率下降 7.5%，近 5 年的总体犯罪率下降 25%；安全意识调查显示 4.8%的人反映其车辆、自行车和机动车被盗。

六、积极参与本地区及国际安全社区网络的有关活动

社区安全工作组努力建立当地政府、团体和组织之间的联系，努力发展新的社区工作网络，编辑发行安全简报，畅通安全促进工作信息。

罗托鲁阿安全社区建设已取得重要进展，正在努力朝“安全关爱社区”发展。社区未来工作仍然集中在暴力犯罪预防、道路安全和伤害预防上，同时减少与酒精相关的犯罪。

社区制定了十年工作计划，改进内容包括开展更广泛的交流；保持“国际安全社区”称号；实施犯罪预防基金计划；建立社区安全项目基金，辅助支持组织实施安全项目；与当地非盈利组织建立联系；朝安全家庭和安全社区方向努力，降低犯罪率；实施安全家庭行动计划，营造非虐待儿童、家庭零暴力的环境。

第五节 香港东涌国际安全社区

一、社区基本概况

早在2000年年初，香港便开始倡议安全社区。葵青及屯门是香港最早成立的两个安全社区。东涌，一个临近香港国际机场的新市镇，于2004年开始筹建安全社区，并于2006年被命名为全球第110个国际安全社区，2011年通过了世界卫生组织社区安全促进协作中心的再认证。

东涌是一个新市镇，很多新居民对在此的生活有很高的期望。另外，东涌区以服务为主的离岛区议员也希望可以尽力协助这些新居民，他们通过举办不同活动，如“关怀邻里”“防火大使”及“减罪大使”等，以推广安全及健康的生活方式。东涌本是一个渔村，其后被开发为机场核心工作的一部分，也是香港第一个位于离岛的新市镇。东涌是香港发展最迅速的新市镇，也是海外到香港的门槛。东涌离香港国际机场只有几分钟车程的距离，也是香港著名风景点如迪士尼、天坛大佛的交通连接点。像许多其他新市镇一样，东涌的休闲设施不足，如果没有周详的计划或妥善的措施，社会问题和许多相关的问题将会产生。

为顺应人口增长趋势，东涌的设施相继落成，包括村落、购物中心、幼儿园、综合福利服务中心、社区咨询中心、消防局、警察局、健康中心和医院等。东涌人口快速增长，从2001年的2.9万人增长到今天的10万人，另外有5万人在东涌工作或旅游。其中15岁以下的儿童占19%，65岁以上的老年人占7.6%。人口受教育程度普遍偏低，尤其是在Yat Tung（逸东）

社区，只有 7.4%的非学生群体接受过高等教育，他们的人均收入也偏低。

东涌安全社区的宗旨是通过伙伴关系，联合企业、政府部门、地区组织、健康服务提供者、教育机构、工业机构及义工团体，推广安全文化。

二、社区组织机构

督导委员会成立于 2003 年，从 2003 年的 23 个成员增加到 2011 年的 31 个。督导委员会成员包括离岛区议会、离岛民政事务处、香港警务处、香港消防处、社会福利署、中华电力有限公司、中华煤气有限公司、玛嘉烈医院、香港迪士尼乐园等。

东涌安全健康城市督导委员会成员机构如图 7—14 所示。

图 7—14　东涌安全健康城市督导委员会成员机构

为了更好地获得资金和吸引捐赠，于 2006 年成立了东涌安全健康城市协会。2009 年，成立了东涌安全健康城市基金会，并被认可为一个慈善组织。基金会和督导委员会一起吸纳私人企业资金、公共捐赠等。系列社区发展项目在基金会的成立下得以实施。

三、东涌地区伤害流行状况

在香港，大部分伤害收集都是由各部门分别进行的，如劳动保护部门、卫生部门、社会福利部门、警察局和消防服务部门。因为这些受伤者都去医院，所以医院有大量受伤害者的数据。但是这些数据并没有直接联系。通过安全社区建设，所有部门和团体都可以共享这些信息，但由于资源数据的定义和数据的不同，针对所有伤害的共享数据库仍需建立。

为了更好地理解和掌握东涌的事故伤害状况，又收集和分析了来自事故和公共医院的应急部门的数据。按照伤害类型和居住地，将 2002—2010 年的数据提炼出来，并将 2002—2010 年的伤害数据趋势和人群增长做比较，2010 年的伤害个案与 2002 年相比下降了 20%。

2002—2010 年东涌地区伤害情况见表 7—16。

表 7—16　　2002—2010 年东涌地区伤害情况

年份	伤害个案	人口数	伤害比例起数/千人
2002	1 119	41 600	26.9
2003	1 082	45 600	23.7
2004	1 455	61 500	23.7
2005	1 602	74 200	21.6
2006	1 840	75 900	24.2
2007	1 957	78 600	24.9
2008	2 021	89 000	22.7
2009	1 988	90 200	22.0
2010	1 998	92 700	21.6

数据显示，2002—2010 年大部分伤害是家居伤害（38%）和工作场所伤害（28%），和未经分类的伤害一起，占到了伤害案例总数的 78%。在 15 062 起伤害案例中，大部分为重度伤害和中度伤害。安全促进需求主要集中在工作场所安全、交通、家居安全和运动安全方面。

2006—2010 年东涌地区火灾火情数据见表 7—17。

表 7—17 2006—2010 年东涌地区火灾火情数据

年份	火警	受伤	特殊呼叫	受伤	死亡	呼叫总数
2006	393	0	205	11	1	598
2007	399	3	203	23	2	602
2008	462	0	236	17	5	698
2009	461	0	239	38	10	700
2010	454	0	221	46	5	675

四、安全促进示范项目

1. 国际安全学校

在国际安全社区项目的框架下，实施最佳实践和预防项目来保护教师、员工、学生等的安全。香港职业安全健康局由国际安全学校认证中心负责，促进安全和健康。香港教育工作者联会黄楚标中学是国际安全学校的先行者。已经开展实施的项目包括培养安全和健康生活习惯；香港中文大学的卫生教育部门和健康部门开展系列调查来识别学校学生的健康行为；为学校学生和家长举办工作坊；通过实施交通大使项目，积极呼吁学生、教师和家庭参与；向毒品说“不”、警察局的课程培训等。在教师和学生的持续努力下，黄楚标中学于 2009 年被认可为国际安全学校。

2. 安健屋邨

安健院舍的概念来源于香港安全社区项目，考虑到公私屋邨安全健康管理的重要性和需求，旨在从社区层面加强屋邨的安全健康意识、传播安全文化。香港职业安全健康局（OSHC）于 2007 年发起了香港安健屋邨认证计划，鼓励屋邨建立安全健康管理体系。通过东涌安全城市的积极推广，3 个屋邨被认可为安全健康屋邨。

3. 安全场所和安全工作场所

香港国际机场是世界上最忙碌的机场，已经在旅客安全和工作效率等方面取得了显著成绩。为了成为国际上最安全的机场，香港国际机场持续改善安全状况。香港国际机场采取的措施包括机场安全大使计划，旅客的伤害率下降了 54%，被授予香港职业安全健康局安全行为促进奖，连续 4 年获得 TTG 旅游大奖。

为了促进安全和提升雇主安全意识，员工和商业伙伴、亚太国际博物馆、劳动部门、OSHC 举行了职业安全宪章签署仪式。20 余家商业伙伴签署了该宪章、发行了工作场所安全和健康安全政策手册、最佳实践和指南。

作为世界知名的旅游胜地，昂坪 360 缆车致力于向游客提供最安全、最可靠、效率最高和质量最好服务。2009 年，缆车运行部门获得了 ISO90010：2008 质量健康体系认证，并于 2010 年推广至整个公司。

五、事故伤害预防计划

1. 青少年安全项目

东涌 15 岁以下人数达 17 000 人。过去社区把精力都放在了保障青少年的发展上，通过东涌安全健康城市项目，许多组织为促进学生的安全和健康，联合起来开展了许多活动，其中很多都是专门针对特殊需求开展的。

2005 年，警方推行了系列名为“飞舆计划”的项目，以减少青少年犯罪，增强青少年的责任感，培养其自律精神，鼓励其反对毒品，该项目由警方、学校、非政府机构等联合开展，于每年的新学期推行。目标人群刚开始主要是初中学生，目前已经推广到高中。在过去的 4 年里，13 000 余名学生参与并得到学校、教师、社会工作者和非政府组织的积极反馈。

2. 老年人安全

离岛区等各区福利官员积极支持地方非政府组织组织志愿者活动来促进老年人安全。通过企业、公共机构和政府部门的积极支持和参与，实施了系列的试点项目，如“左邻右里极乐老年人”“左邻右里关爱长者实验计划”等，另外还支持地方非政府组织实施“老有所为活动计划”。

3. 消防安全

每年消防处都去学校进行消防安全演讲，组织火灾演练，实施消防安全大使计划。为了增强居民安全家居的意识，定期举办“防火嘉年华”活动，通过演习、展览、讲座等方式宣传安全常识。不同年龄的人都经常前往东涌消防处参观，消防处为来访人士提供一些简单的家居防火措施课程，并带领来访人士参观消防设备。消防处还定期为学生、居民、私人楼宇及公共屋邨举办讲座、开研讨会，分享防火经验。

4. 使用煤气安全

中华煤气公司定期派技术人员到居民家中免费检查煤气装置是否安全。具备专业资格的技术人员每隔 18 个月就会到居民家中巡视并提供安全检查，其中包括免费检查各种煤气装置，测试煤气立管检测机平安钟。到目前为止，所用东涌居民的煤气装置均进行了一次例行检查。此外，煤气公司还经常举办讲座及展览，帮助居民了解使用煤气时应关注的安全措施。

5. 交通安全

事故和应急部门数据显示，交通事故导致的伤害在过去的5年中从每年74起增长到94起。2009年的严重交通事故导致3死22重伤；2010年1死14伤。随着东涌高速公路和山路的快速发展，离岛的交通和运输委员会对道路设计、洪水和周边区域交通密切关注。行人安全和道路改进工作已经提上日程，并被相关部门跟踪。

在区理事会下，专门负责交通安全的工作小组，为了促进安全，组织了系列活动，如设计公告牌向居民宣传交通安全；向居民、驾驶员和行人发放交通安全折页和材料；通过展板等宣传安全驾驶，告诫他们不要超速和酒驾等。2011年组织了交通安全日活动，向东涌居民提供交通安全信息。另一个项目是交通安全比赛，吸引了学校和地方组织的注意力。由于东涌远离市中心，有不少游人、登山爱好者及骑单车人士在周末或周日去那里度假。区内建有很多骑车路径，为骑车人和行人提供安全环境。

6. 家居安全

公私屋邨物业管理公司已经策划和实施了安全项目，如在主要的公共交通站发放安全信息单，在社区开展安全展览、火灾演练和消防嘉年华、反对高空抛物为主题的家居安全嘉年华活动等。

7. 家庭亲密度——暴力预防

从2007年开始，东涌综合服务站整合开展了一个常规项目来促进家庭和谐，主要是通过开展活动使家庭成员聚在一起，设折页来缓解压力和调解矛盾。目前，已有 3 000 人参与了该项目。

在预防家庭暴力中，社会福利部发动了系列项目来提升促进家庭和谐和处理不利局面的能力。“家·多一点”是个综合性的项目，包括 24 小时的活动，例如课程、演讲、讨论、嘉年华活动等。这个项目的目标是增强家庭的和谐度，2009 年和 2010 年已经有 4 000 余人参与了该项目。两个非政府组织开展“好好家庭—好好生活嘉年华”项目来促进积极和平衡的生活方式。

为了满足地方需要，社会福利部在东涌地区建立了纽带组织，这个纽带组织涉及地方组织和非政府组织，定期会晤、交流信息。通过合作来识别地方需求，确定服务的优先次序。

2010 年，东涌关怀行动委员会和警察局、离岛区办公室、教师协会等单位成员开展了系列行动项目来促进社区关爱，包括通过户外活动来减缓父母压力；开展培训，识别高风险群体；成立关爱大使组织来积极发布信息；开展家庭走访活动，体现关爱和关心。除了街坊开展的项目和活动，私人企业同样通过组织各种各样的家庭活动来表达他们的支持。

8. 少数民族的文化整合

为了支持少数民族的融合，警察局、非政府组织等多部门开展了一个文化交流项目。为了推动和谐共融文化，在警方领导下，10 个社区团体于 2010 年开展实施了名为“亚洲之友”的共融文化计划，该计划的主要对象是南亚裔的移民家庭、青少年及家长。该计划提供了语言、学习能力、文化共融及社区服务等训练，通过共同工作，学会相互理解和尊重。除了亚洲之友，离岛青少年协会还启动了“广东话课程”项目，通过相互交流、游戏，使新市民快速地融入新的环境中去。

9. **阳光社区计划**

东涌是新市镇，居民来自香港的每一个角落，大部分居民均不在东涌成长，因而没有归属感而且不愿意为社区做贡献。离岛妇女联合会开展了由社区共享基金资助的“阳光社区”计划，参与的妇女均能认识自己的潜能、掌握更多的生活技能，从而让单亲家庭及弱势群体结成伙伴。此计划非常成功，培养了参与者的社区凝聚力、归属感，同时也使参与者认识到互相支援及投身义工的必要性。

六、交流和可持续发展

在香港多个已启动社区安全计划的安全社区中，每个社区都有其独特的方向及资源。互相学习及分享已成为推动每个社区进一步成长的重要因素。香港职业安全健康局于 2005 年成立的香港安全和健康网络是个分享最佳实践和宝贵经验的好平台。东涌安全和健康城市协会是其成员之一。阳光社区、安全健康屋邨和国际安全社区的经验也在不同场合和国际会议上被分享。

为了确保足够的营运资金，便于接受捐献，东涌安全健康城市协会于 2006 年正式成立。安全健康项目的长期承诺是通过执行项目来达到预期的安全绩效。过去多年的安全促进项目使督导委员会成员之间可持续的合作与努力及强烈的承诺得到很好的体现。

经费及计划的管理。阳光社区是东涌区内的第一个区计划，并初步演变为社区资本及网络。该计划能成功地促进伙伴就业，帮助家庭和社区逐步发展。就业培训中心和妇女综合服务站提供和创造了许多社区合作机会，它们也是开展安全健康和屋邨、安全健康学校和社区领导活动的重要平台。

第七节　上海虹口区欧阳路街道建设实例

一、社区基本概况

街道成立于 1964 年 10 月，位于虹口区中部，辖区内有 5 纵 1 横 6 条主要干道，面积 1.672 平方公里，现辖 18 个居委会。辖区内有上海市唯一的专业足球赛场——虹口足球场和具有一百多年历史的鲁迅公园。辖区内有 7 栋商务楼、2 个工业园区和 1 个创业园区，共有各类企业 523 家，企业以服务、娱乐行业为主。另有普通中小学校 6 所，智障学校 1 所，幼儿园 3 所，儿童福利院 1 所。辖区有社区事务受理服务中心、社区卫生服务中心、社区文化活动中心、社区生活服务中心等面向社区内各类人群的服务机构。

截至 2013 年 12 月，社区内常住居民总户数为 29 503 户，常住人口数为 76 200 人，其中外来人口数为 6 386 人，境外人口数为 711 人。

2011 年 5 月以来，街道开展了伤害基线调查，建立了伤害监测网络；从公安（治安、交警、消防）、安监等政府职能部门，收集伤害数据；开展社区民意安全需求调查，陆续策划实施了交通安全、老年人安全、工作场所安全、儿童安全、学校安全、消防安全、社会治安安全、体育运动安全、涉水安全、居家安全、公共场所安全等 11 类安全促进计划，其中涉及“两高一脆弱”的安全促进项目有 20 项。2012 年 10 月，欧阳路街道被命名为上海市安全社区；2013 年 10 月，被命名为全国安全社区。欧阳路街道于 2014 年通过国际安全社区现场认证。

二、跨界组织机构

创建安全社区工作领导小组由街道办事处主任担任组长，5

名街道办事处分管领导担任副组长，各司其职。组员由来自社区卫生、安监、公安（交警、消防、治安）、民政、学校、儿童福利院、早教中心、重点企事业单位、居委会和社会组织的 29 名成员组成。

在领导小组下设创建办，负责日常安全社区建设工作。创建办建立了 11 个安全促进工作组，负责实施安全促进计划和项目；建立了事故与伤害监测组、绩效评估组和指导协调组 3 个专项工作组，指导安全社区建设的协调和推进。跨界组织机构如图 7—15 所示。

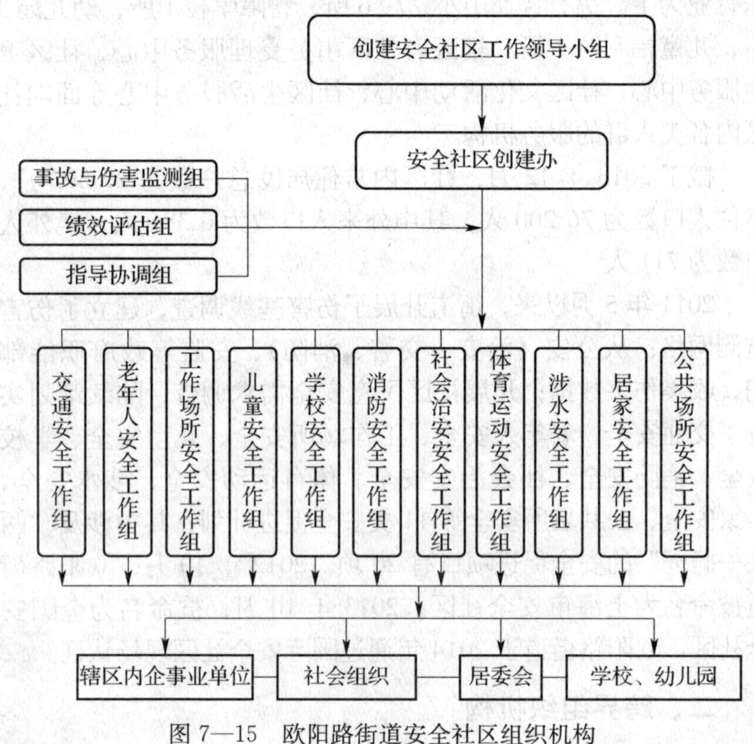

图 7—15 欧阳路街道安全社区组织机构

虹口区安监局对建设工作进行具体协调和指导，教育局、卫生局、公安局（交警、消防及治安支队、欧阳路派出所）、民政局等区有关部门指导或参与了如老年人网上敬老院、老年人日托所建设、社区治安预防监控系统建设、社区消防设施建设等项目。区疾控中心和社区卫生服务中心参与了伤害基线调查，并负责伤害监测、数据分析等工作。

积极引入社会组织开展安全促进工作，为辖区居民提供专业化服务。

（1）家家乐社工事务所

家家乐社工事务所承办“智能居家宝”项目，承接网上敬老院后台服务发展会员。2011 年至今，已拥有会员 1 500 余名，联系了 6 个老年人送餐单位和 2 个助餐点。

（2）老龄协会

老龄协会提供高龄老人居家养老服务，为高龄老人上门送餐、代做家务、修理家电。

（3）社区生活服务中心

社区生活服务中心的“心理茶室”工作室同时作为街道心理辅导工作站，面向社区居委建立“心灵驿站”。2011 年至今，“心理茶室”工作室接待服务近千人次，“心灵驿站”接待服务 1 600 余人次。

社区生活服务中心

三、重点安全促进项目

1. 交通安全类项目

交通主干道路面修整与人行道改造：在大连西路 201 弄至曲阳路的人行道边设置防护栏，并在人行道与进出小区的路口设置立柱路障，防止人车混行。

干预前　　干预后

老旧居民小区道路设施改造：在小区道路路面铺设沥青；在邮电、欧四等小区横向拓宽道路；在小区进出口设道闸、设置减速带；在小区道路弯道、视线死角安装转角镜；在小区的花坛边沿处涂黄黑防撞警示漆，以对机动车和非机动车驾驶员进行防撞安全提示等。

交通秩序管理：居民小区物业公司对小区机动车辆重新登记核对，把车辆型号、车主身份等信息列入管理范围，防止外来机动车乱停占道。

2. 老年人安全类项目

改善居民区为老硬件设施：在门栋台阶旁安装不锈钢扶手，楼道内增设不锈钢拉手等；在老旧小区楼梯中层平台安装可折叠“帮帮椅”，供老年人上楼中途休息。

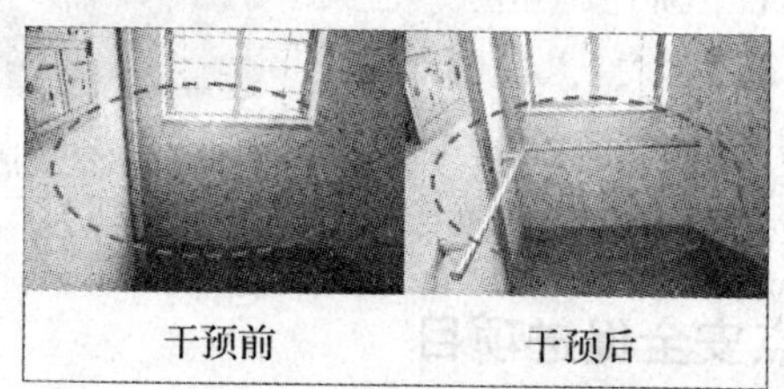

干预前　　干预后

为有需要的老年人提供安全产品：为老年人家庭发放防滑垫；为老年人家庭的卫生间安装不锈钢扶手；向老年人日托所、敬老院赠送防滑垫，安装卫生间扶手；为失智老人试佩戴“失智随身宝”，防止走失等。

为“空巢”老人提供上门水电煤检修：与社区内多家物业公司合作，入户免费检修“空巢”老人家中的水电煤等设施故障。

水电煤检修

拓宽为老服务平台：建立全新电视版服务平台，让老人通过电视就能预约所需的医疗保健、精神慰藉、应急求助等60项服务。

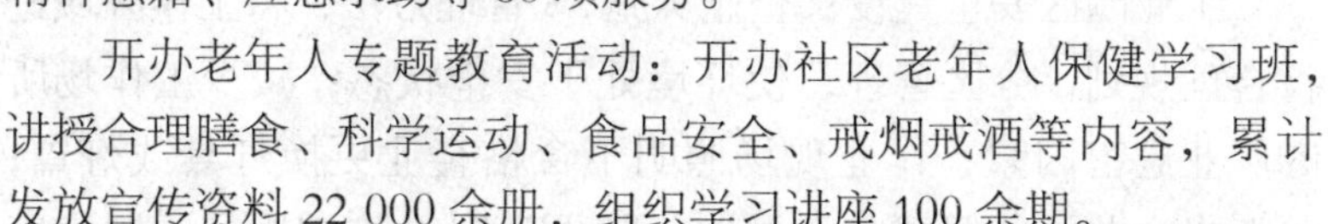

开办老年人专题教育活动：开办社区老年人保健学习班，讲授合理膳食、科学运动、食品安全、戒烟戒酒等内容，累计发放宣传资料22 000余册，组织学习讲座100余期。

安全密码四脚拐杖促进项目：通过FRAX和超声骨密度测定，评价社区中老年人骨折风险状况，确定高风险人群；面向全社区所有80岁以上老年人发放密码四脚拐杖。

智能居家宝系统项目。智能居家宝具备煤气探测、烟雾探测、紧急按钮等功能，安装后可以对“空巢”老人居家的常见危险状况进行监测和报警。老人如遇火灾、燃气泄漏、突发疾病、跌滑倒等情况，系统可自动向预先设定的亲友及社区生活服务中心的工作人员进行语音通信及短信联系。目前，已为600余位“空巢”老人安装了智能居家宝系统。同时，为每个失智老人佩带了一个被称为“智能随身宝”的电子设备，如失智老人走出预设的电子“围栏”，预先设定的亲友和工作人员在1分钟内就能收到语音及短信，立即出动寻找，防止老人走失。

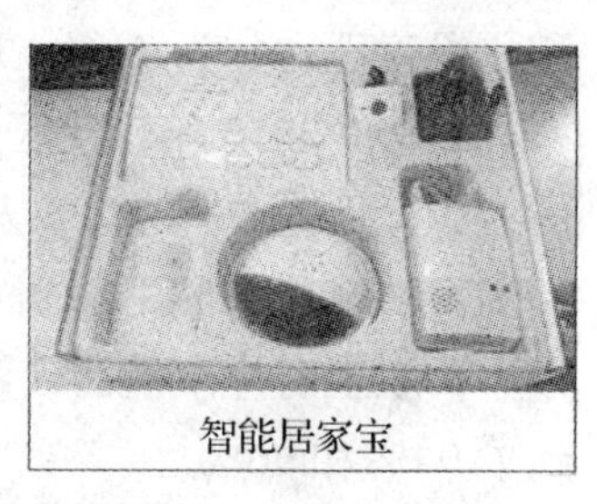

智能居家宝

“空巢”老年人心理健康项目：建立并运用三级工作网络，监测心理安全问题；建立居委会心理安全问题监测点及“空巢”老人健康档案；建立街道“心理茶室”工作室和居委“心灵驿站”等；建立“四个一次”的心理安全保障体系：门诊个案咨询每周 1 次，上门关怀每月 1 次，健康教育每季度 1 次，团体咨询每季度 1 次等。

3. 工作场所安全类项目

工业园区安全建设：企业实施 5S 管理方法，将工作区域进行合理规划，分区管理，使环境处于安全状态；减少工作场所的职业危害因素；作业现场照明不合格企业更换灯具或灯罩；为汽修企业配备佩戴防毒面罩、防尘口罩等防护用品；制定应急救援预案，设置报警装置，张贴警示、警告标牌；纠正逃生应急设施不规范设置问题等。

小企业安全生产信用评估：对 147 家小企业进行信用评估和分级管理，分为 A 级、B 级、C 级、D 级，实施分级管理。

2010—2013 年，社区工作场所内发生的伤害事故造成的受伤人数分别为 59 人、22 人、18 人和 17 人，所占伤害构成比由 2010 年的 14.12% 下降到 2013 年的 7.8%；生产安全死亡事故为零；职工对生产机器设备和工作环境的安全感满意率分别达到了 94% 和 96%。

小型垃圾压缩站安全项目：及时更换磨损量超过 1/3 的铁拉钩；为每个压缩站配备 1 把长柄冲洗清洁刷，操作人员可在远离垃圾车箱的安全区域内对箱体进行清洁；在箱体滑动导轨上增加 2 块木质锲块，防止清洗箱体时箱体移动；在翻斗运行区间的下方地面划定禁止区域，翻斗运行时严禁人员进入；在 5 个压缩站安装 10 只监控视频探头，监测作业过程；采用直观的漫画形式，将操作流程、检查保养须知以及安全生产职责张贴在压缩站内的醒目位置，提示工作人员。

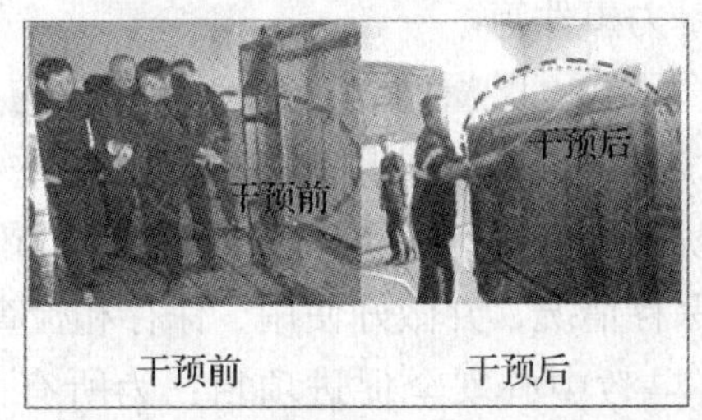

干预前 干预后

小工程施工安全项目：建立由机关社区联络员和居委干部组成的“小工程施工安全管理网络”，对各自管控范围内的各类装修装潢工地进行登记，并报告安监队小工程施工状况；安监部门督促各类人员培训后持证上岗，建交委督导现场安全隐患整改，消防部门负责消除火灾隐患；成立小工程施工巡查志愿者队伍，先期对所在小区及周边各类装修装潢小工程施工状况摸底，对小工程施工中的作业内容进行巡查，在小工程施工结束后巡查工地建筑垃圾及易燃物的清除状况。

4. 儿童及校园安全类项目

改善儿童活动场所的安全性：对幼儿园、儿童福利院和儿童游乐园等场所内开裂、坑洼的地面进行修复；对幼儿园和儿童福利院内存在的棱角进行软包防护；在易滑倒处增设防滑垫；为防止踏空，使儿童有序地上下楼，在楼梯台阶处张贴小脚丫标志；为门缝安装防夹手条等。

安全教育：为幼儿开设特色安全课程，以图片、视频、游戏互动等形式向儿童传授安全知识以及自我防护技能；针对教职员工开展一系列安全培训讲座；制作《儿童安全宣传手册》，发放给幼儿家长及幼儿教师；将安全教育纳入到中小学校的日常教学计划中，每月开展一次专题教育，内容涵盖消防安全、交通安全及疾病防控等方面。

组织应急演练：模拟可能发生的各种突发事件和灾害，如火灾、地震、暴力事件等。

实验室安全干预：配置眼罩、手套等专业防护用具，实验前学生都必须按要求佩戴好护具；在化学准备室和实验室里安装视频监控系统以及与110联网的红外探测装置；定期检查各类化学试剂的保存情况，并做好使用、保存和检查记录。

“云宝贝”早教中心安全促进项目：为所有门安装防夹手条；为卫生间安装门吸；为活动场地的鹅卵石槽加装有机玻璃盖板，防止儿童吞咽；对存在的棱角进行软包防护；重新规划玩具堆放区域与教学活动区域，在区域之间设置分隔线及屏障；开办父母与孩子，孩子与老师，老师与父母这三者之间的互动课程，每周8～10次，让父母学习科学教养知识；针对儿童安全需求举办家长沙龙，教家长如何与婴幼儿互动，使家长掌握正确的婴幼儿安全看护方法。

密云学校安全促进项目：提升校园硬件设施及环境的安全性；实施智障学生个性化教育，每周开展个性教育课程，进行认知、言语与沟通、生活自理等康复训练；成立家长委员会，参与学校的安全隐患检查和督促整改；每月开展1次家长安全知识技能培训等。

5. 消防安全类项目

建立防火监督队伍：建立由物业、居委和消防委组成的消防监督检查三级管理队伍，明确各级管理职能，负责日常消防检查和管理工作；建立消防志愿者队伍，覆盖108个居民小区。

完善高层居民楼的消防设施及器材：更换年久失修的室内消火栓供水泵、更换破损的防火门闭门器；泵房、机房、每楼层增配一组灭火器，张贴消防栓及灭火器使用说明；在每层逃生通道增设一盏应急灯；在走道内安装荧光逃生指示标志；畅通逃生通道，在每层楼张贴消防疏散路线图；为高层居民配备应急实用物品、消防逃生口罩；在室外消防栓前涂画禁停标线，安装修理室外消防栓护栏。

老式公房火灾干预项目：志愿者参与隐患排查，不定期地对老式公房及居民区进行火灾隐患排查并及时上报，同时提醒居民纠正各种消防上的不安全行为；开展“一角钱”工程，针对老旧小区物业管理费用不足而导致的消防设施维护不善等问题，在蒋家桥等小区开展了“一角钱”政府实事工程，居民每月每平方米支付 0.1 元，其余维持物业管理正常运行的费用均由政府补贴，通过“政府出大头，业主贴一点”的方式解决物业管理费用的不足问题；陆续为老式公房 1 层、3 层、5 层配备了干粉灭火器、黄沙桶等消防设备，为居民免费发放消防逃生口罩等；在所属小区开展消防安全“八个一工程”；组织消防专家进入社区为相关小区居民举办消防知识讲座等。

6. 社会治安类项目

志愿者队伍建设：利用欧阳路“大联勤”巡查工作资源，做到每日早晚至少 1 次巡查；志愿者巡逻队配合“大联勤”进行日间夜间治安巡逻；公民警校培训志愿者巡逻防范技巧，再由学员指导其他志愿者如何盘问小区陌生人，获取可疑者信息。

居民防诈骗专项行动：及时将最新的诈骗手段通报给社区居民，通过社区报及模拟电话录音将诈骗全过程情景再现；对于辖区内发生诈骗案件伤害的被害人，居委干部、社区民警及时上门帮助寻找防范漏洞，并作为实例教育社区其他居民；与辖区内各银行网点合作，对于轻信诈骗内容而去银行进行转账的居民，银行工作人员及时劝说阻止，同时安排警力在银行附近进行值班巡逻，一旦接到报警电话，能迅速协助银行劝阻居民被骗。

公民警校开展社区防盗宣传

7. **涉水安全类项目**

河道周边硬件防护改造：在社区河道旁增设护栏；河边人行道铺设防滑材质地面。

河道沿线街面及小区巡逻：成立涉水安全志愿者队伍，早晚各 1 次在社区河道巡逻；利用河道保洁船进行早晚水面巡逻各 2 次，船员经过应急救援培训，可及时参与水上救援。

增设警示标志与急救设施：在河边护栏及防汛墙上安装涉水安全提醒标志；在河道沿岸的小区配备固定救生圈，并在一旁公示落水救援紧急联系方式；每年对各小区居委干部、志愿者、居民开展急救培训 2 次，使其掌握基本溺水急救技能。

8. **居家安全类项目**

燃气安全项目：对社区内居民家庭的燃气管道安全状况进行普查和检测，更换燃气橡皮管；为社区“空巢”老人家庭提供专门的燃气安全检修服务，修理、更换或安装燃气胶管，紧固卡子，安装截止阀；为“空巢”老人安装“智能居家宝”，在烟雾超标、燃气泄漏时自动报警；组织开展“社区居

专家为居民进行燃气安全专题讲座

民走进燃气公司”“燃气专家进社区”等主题宣传教育活动，普及燃气安全常识；成立燃气安全协管志愿者队伍，由燃气公司进行专业培训后入户服务，查处的隐患整改率100%。

四、伤害监测网络

建立伤害监测网络，年度事故与伤害分析报告在领导小组及工作组会议上进行公开；通过每月一次的公安派出所警情通报，向政府有关部门、社区居民通报治安情况。伤害监测流程如图7—16所示。

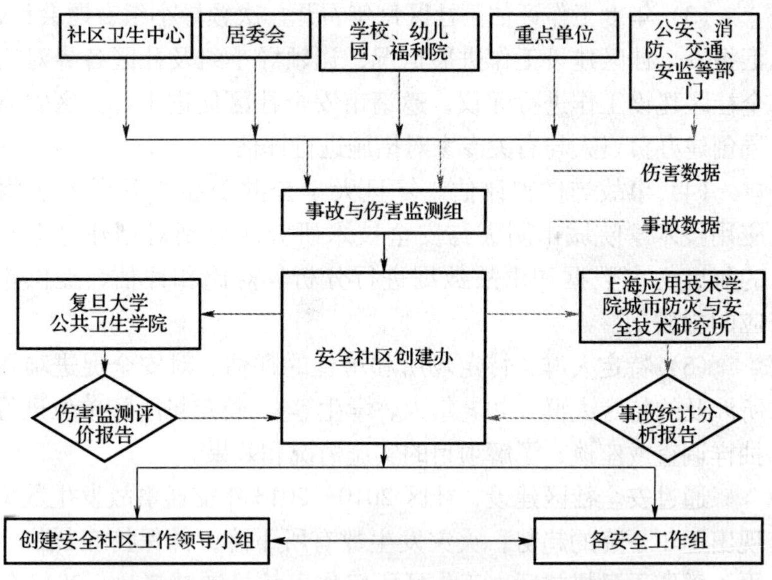

图7—16　欧阳路社区事故与伤害信息传递流程图

五、绩效评估方法

街道制定并执行《欧阳路街道创建安全社区绩效评估制

度》。具体评估方法如下：

(1) 对安全促进计划及项目、实施过程及效果的评估。计划制定与项目策划时，创建办组织专家和有经验的工作人员进行讨论，评估计划和项目的可行性。计划和项目实施过程中，一方面由各工作组在实施过程中验证适用性和有效性；另一方面绩效评估组组织专家现场考察，评估效果。

(2) 伤害隐患检查、整改与评估。对于各种环境和工作场所，经常组织综合检查和专项检查，发现隐患，分析原因，采取有针对性的措施并验证、评估措施的有效性。

(3) 年度工作评估。社区每年召开一次领导小组专题会议，汇报安全社区建设工作进展情况，让领导小组及社区各界对安全社区建设工作进行评议，邀请市安全社区促进中心、区安监局创建办负责人与有关专家对措施进行评估。

(4) 事故与伤害评估。复旦大学公共卫生学院以及上海应用技术学院城市防灾与安全技术研究所分别对创建办汇总的年度伤害数据和事故数据进行分析、对比和评估，提供相应的报告。

(5) 特定人群、特定场所和单位的评估。对安全促进项目所涉及的特定人群（如老年人、学生等）、特定场所和单位进行抽样调查或座谈，了解项目的实施情况和效果。

通过安全社区建设，社区 2010—2013 年交通事故发生数呈现出逐年下降的趋势；火灾发生数有所下降，并保持在低位水平；采取干预措施后，工作场所轻伤事故呈递减趋势；2013 年 6 月，创建办在社区内 18 个居委进行关于安全社区创建工作总体情况的随机问卷调查，被调查对象均为居住或工作在社区的人员，此次共向社区公众当场发放问卷 1 000 份，经统计汇总，对安全社区建设工作的总体满意率为 86%，知晓率达到 88%。

第八节　广州小谷围大学城建设实例

一、大学城基本概况

大学城面积 20.15 平方公里，目前开发面积 17.9 平方公里，师生共 17 万人，居民约 1 800 户、6 000 人，流动人口约 13 000 人。而作为其主体的广州大学城，已入驻中山大学、华南理工大学、广州中医药大学、华南师范大学、广东工业大学、广东外语外贸大学、广东药学院、星海音乐学院、广州美术学院、广州大学等 10 所院校。辖区建有 5 个重点单位、8 个生态公园和 3 个临江湿地公园，另有两所大型医院——广东省中医院大学城医院、中山大学附属医院门诊部以及 10 所高校的学校医院。

秉承安全社区工作理念，通过资源整合，全员全方位全过程参与的方式，将安全社区建设渗透到生活、工作、环境等诸多领域，以学校安全为重点，努力构建平安、和谐、幸福的小谷围，宜居、宜业的大学城。

大学城事故伤害风险

2010 年对大学城意外事故发生情况的调查显示，36.37%的受访者表示在大学城里曾经历过意外事故，其中有 27.72%的人造成意外事故的原因是体育运动伤害，另外，8.65%的大学生主要是因为交通、宿舍安全、失足落水和烧烫伤而受伤的。大学生的心理健康问题也同样不容忽视。

大学城内随着车流量和学生人数的增加，人车矛盾、车路矛盾、车与车之间的矛盾日趋严重，交通管理工作面临着巨大的挑战。大学城各种配套设施的开工建设，高校设施完全投入使用，近20万师生入驻以及建筑施工行业大量外来务工人员对区域生产安全造成很大压力。

小谷围街道是因建设广州大学城而新增设的城市社区，新建设的高校内消防安全管理存在一定的瑕疵，由于历史原因，街道保留村社区人口密集的旧式里弄占到90%的比例，新建高校社区消防安全管理也存在部分场所消防器材不足等的问题。

小谷围四周环水，环岛堤围长度约16公里，区域内有河涌13条、中心湖1个，外江水闸13座、泵站1座、码头3个。鉴于区域内师生众多，人口密度大，以及临时设施众多等特殊环境因素，2010年曾出现1人私自在中心湖游泳溺水而亡的事件。

大学城十所大学均无设置校门、围墙，而是采用了开放式的校园设计，在带来开放式的思维和文化的同时，也容易滋生一些违法犯罪行为，主要是盗窃、诈骗、抢劫等侵财犯罪及强奸、故意伤害等人身犯罪。

二、跨界组织机构建设

根据辖区实际，成立了安全社区促进会，划分为专项项目组、高校项目组、保留村工作组3个板块，如图7—17所示。

三、特色安全促进项目

校园心理健康项目：建立学生心理档案，建立“学校—院系—年级—寝室”四级心理健康保护网；强调心理咨询专业队伍与学生政工干部队伍团结协作；开展心理咨询和干预；组织心理健康与发展协会，开展心理健康知识普及活动；建立南方心理在线网站；创办《怡心园》心理报刊；举办心理健康活动月，定期举办心理沙龙；开设心理健康公选课等。

图 7—17 小谷围安全社区组织架构

大学城安保联盟项目：联合十所高校召开安全保卫工作联合会议；鼓励高校各出“安保奇招”（办网站、建围墙、设门禁等）；与高校联手出招（警务室模式）；推进公共区域社会治安视频监控系统建设。

学生交通安全：每逢各大高校放假期间，交通部门都发布出行交通信息；举办交通安全宣传作品创作大赛；组织学生社团拍摄交通安全宣传短片；组织交通安全知识教育专题演讲等。

针对广州大学城十多万在校学生的出行工具以自行车为主，岛内自行车数以万计，每天穿行马路达数十万车次，闯红灯、不按车道行驶的情况严重的实际，对大学城道路交通组织进行功能性改造和调整，根据大学城三条环道的交通实际进行布局设计，对大学城的三条主环道进行功能区分；通过自行车安全行为规范宣传长廊的形式，制作宣传长廊，在各大高校巡展；采用自行车慢骑技能比赛的形式，在部分高校进行宣传，让学生了解安全骑自行车的基本技能和要求；规定自行车停放点，减少自行车乱停乱放的情况；强制每一个违反规则的学生担任交通协管员十分钟，让其戴上一顶小黄帽，并配上一面红色的旗子，在易出错的路口执勤，对骑单车戴耳机、闯红灯、不走斑马线的行为进行纠正。2013 年小谷围 17 万学生因骑自行车不当而发生的事故减少到 52 起，比 2009 年下降了 47.5%。

涉水安全：针对校区内共有 4 个人工湖，人工湖为独立水体，不与河涌相连，存在溺水风险的情况，强化中心湖安全监管；针对暑期天气炎热，大学生喜欢到珠江主航道及湖泊水库

游泳，周边水域水深流急、漩涡密布、下水游泳极为危险的情况，在大学城十所高校开展安全宣传活动。2011—2013 年未发生一起涉水安全事件。

周 sir 网上警务室。驻华南理工大学警卫室的周警官影响力很大，他用“大学城周 sir”的名义使用微信、微博、博客等新潮网络社交工具与社区内学生互动，对于在校园发生的案件，周警官大多都第一时间在微博上通知学生，提醒学生们注意这类犯案手法。截至 2013 年 10 月，周 sir 的微博有粉丝 10 万余人，收到评论留言 130 万余条。他编写的微博《骗，在大学——大学常见十大骗术》以图文并茂、幽默风趣的方式发表，在同学中引起很大的反响，并且已制成海报和展板，在校园内张贴和展览。

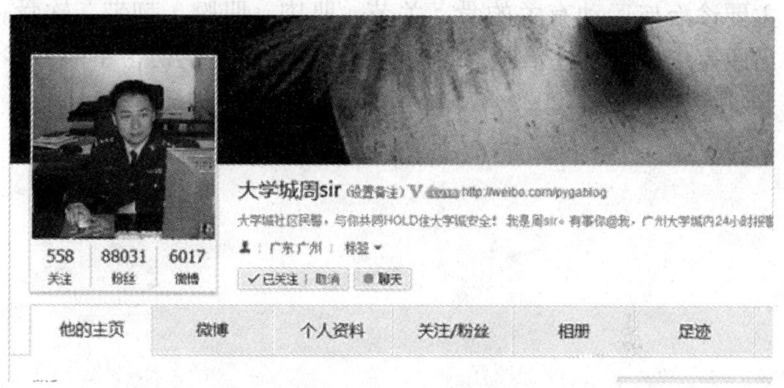

2012 年 9 月，周警官针对新生入学安全教育，上网发表新生入学安全攻略，微博转发近 2 万次。如果同学们发现治安问题，也会@大学城周 sir，并寻求关注和帮助。同时，周警官编辑 3 时长约 20 分钟的安防宣传片，并将其刻录成 DVD，在学生安防教育课和其他校区内播放；制作安防宣传 3D 动漫；利用微博开展大学城全民防诈骗海报漫画征集比赛活动，共征集作品 100 余幅，增强了同学们的防骗意识。2013 年新生入学季，周警官创作了名为《大学城新生安全攻略》的搞笑动画片。2013 年 9 月初在大学城几所高校巡回演讲 25 场。2012—2013 年，周警官微博接受报警求助 2 200 余次。

学校体育运动伤害预防项目：督促各高校进行各项体育场所整治，检查校内场所，保证运动场所平整，清除废弃物品、石头、金属、玻璃碎片等；实施体育课管理，控制体育课人数，循序渐进、由浅入深的教学安排和合理的考核制度；确保所用训练器材均为质量过关的产品，且定期维护和报换，保障训练质量和训练安全性；每位学生入学后至少观看 1 次安全知识动漫宣传画；发放《运动安全知识》小折页；成立伤害急救技术培训班；举办各种形式的运动安全讲座；建立运动损伤康复室，主要诊治与运动有关的骨、关节、肌肉、肌腱、韧带、软骨、滑膜等创伤。通过干预，2013 年 17 万学生运动伤害事故减少到 11 423 起，比 2009 年下降了 56%。

附录1　国际安全社区现场认证申请报告（表格A）

列1：需要申请社区填写和提供的内容（原文）	列1：理解/填写要点
A部分 社区简介	
A.1　简要描述社区及历史沿革	社区的历史沿革及地理位置、面积、风土人情等特点
A.2　描述社区安全建设愿景与目标	愿景（例）：加强安全文化建设、提高社会管理水平、增加社会认同感、提高凝聚力、建设成和谐社区、宜居、安全的社区等 描述总体或分类的事故与伤害控制总目标（及这些目标是如何制定的），例：事故与伤害总量控制目标、居民对社区安全状况满意度等（高于法律法规或上级政府要求的目标）
A.3　地方政府是如何参与安全社区建设工作的？谁负责相关工作？	当地政府及领导、职能部门及重要社会组织参与建设情况
A.4　描述社区风险概况	简要描述通过各种诊断方法确定的社区风险。例如，山多导致的山体滑坡和森林火灾风险，外出打工人员多造成的一老一少风险；交通主干道多造成的交通伤害风险；电动三轮车多造成交通伤害风险；水域造成的溺水风险等。注意：此处可包括两个方面，一是已经存在的风险，依据是事故和伤害高发的事实；二是潜在的隐患与风险

续表

列1：需要申请社区填写和提供的内容（原文）	列1：理解/填写要点
B部分 社区构成	
B.1 描述社区人口构成	人口总数、性别、年龄分布、职业分布、学历及特殊群体（残疾人、流动人口、低保人员等）信息
B.2 描述安全社区建设工作总体概况	安全社区建设开始时间及简要描述，如组织了机构、开展调查、监测、项目策划及实施等关键环节实施情况及效果
B.3 描述社区及上级政府为安全社区建设工作提供的政策支持和保障条件	描述上级政府和社区为安全社区建设提供的各类保障条件和政策支持
B.4 描述与社区安全有关的规划或方案	描述社区制定的社区安全规划（主要内容、重点任务）、计划，上级政府工作规划或方案中涉及社区安全的内容或要求、准备实施的安全策略等
B.5 描述负责安全社区整体管理的组织或部门	如街道办事处、乡镇政府、物业管理公司等
B.6 负责安全促进工作的牵头协调部门是哪个？	如专职安全社区办公室、安监科、综治办、社区办等
B.7 安全社区建设是否形成了长效机制？	描述体现创建工作形成长效机制的事项或计划。例如：建设资金纳入财政预算；实施年度总结，制定年度计划、五年规划，成立在编的专门负责安全社区工作的部门、规定每年都要进行诊断、策划实施项目、纳入政府考核目标等
B.8 安全促进工作是否覆盖所有的环境和人群？具体是哪些？	描述安全促进工作目标覆盖面情况
B.9 谁采纳和实施了这些目标？	描述这些工作目标的形成过程及采纳实施者。例如，在基线调查的基础上，根据辖区实际情况经过讨论协商由促进委员会批准、采纳及实施

续表

列1：需要申请社区填写和提供的内容（原文）	列1：理解/填写要点
B部分 社区构成	
B.10　如何评估是否实现这些目标，向谁汇报目标的实现情况？	简要描述评估目标的方法，如组织专家评估、促委会会议评估、第三方评估、事故与伤害数据分析、电话调查居民满意度等（不必展开） 向谁汇报目标实现情况，如向促进委员会汇报、向上级政府汇报、向安委会汇报等
B.11　社区为加强安全而采用的经济激励措施	描述社区为使辖区单位和居民采取安全措施而采取的激励措施，如采用政府补贴的形式推广家居燃气安全报警器
B.12　社区依据自身权限制定的安全规定及相关管理办法	描述社区依据自身权限制定的规定和方法等，如门禁管理办法、烟花爆竹管理条例、设立社区安全员制度、巡更点检制度、九小场所安全监管办法等
C部分 准则1（有一个负责安全促进的跨部门合作的组织机构）	
1.1　安全社区创建机构与职责	促进委员会及办公室、促进小组的构成名单
1.2　描述当地政府和卫生部门在安全促进与伤害预防工作的合作和参与情况	描述当地政府、卫生部门及社区医疗部门参与安全社区工作情况，例如，政府领导主抓、政府职能部门参与促进项目组承担项目、由政府或职能部门推进的项目；卫生部门承担伤害监测工作，承担伤害调查工作，承担某项目，参与专家组指导等
1.3　描述社会组织，如红十字会、老年人组织、体育组织等参与安全促进工作的情况	描述社会组织参与或承担安全促进工作的形式及项目承担情况。举例说明

续表

列1：需要申请社区填写和提供的内容（原文）	列1：理解/填写要点
C部分 准则1（有一个负责安全促进的跨部门合作的组织机构）	
1.4 是否建立了普通居民通告其发现危险环境和危险情况的渠道？	例：隐患举报热线、社工日志、民情日志、志愿者巡逻记录等，包括途径、渠道与内容、处置与响应情况
1.5 描述准则1形成长效机制的做法	例如：制定了相关工作制度（包括定期会议制度）、每个项目组都明确的职责和任务分工；每年开展年终总结并制定下一年工作计划；和相关大专院校、科研院所建立长期合作关系；引入社会组织承担项目等
D部分 准则2（有长期、持续、能覆盖不同性别、年龄的人员和各种环境及状况的伤害预防计划）	
2.1～2.2 描述针对下述方面开展的安全促进与伤害预防项目 1. 交通安全 2. 居家和休闲安全 3. 儿童安全 4. 老年人安全 5. 工作安全 6. 暴力预防 7. 自杀预防 8. 灾害预防与应急响应 9. 公共场所安全 10. 医院安全 11. 体育安全 12. 涉水安全 13. 学校安全 是否部分项目是由其他组织或机构监管而不是社区？社区是如何参与的？	描述针对社区普遍存在的共性问题，或者是针对某一类人群全体，或者是针对某一类全部的场所实施的计划或项目。如社区交通安全培训基地、学校安全课、社区警务室、预防自杀热线等。描述方法如下 （1）完整描述几个有代表性的促进项目（背景—目标计划—实施—效果） （2）其他一般性项目以表格形式描述，在表格中不必详细描述背景、目标与计划等。项目栏目内容包括项目名称、实施单位、合作单位、项目主要内容、证据基础（是或否）、目标人群或场所、项目起始与完成时间、项目效果、持续改进计划 （3）对于上级政府整体策划或推进的项目（如交通安全五进计划等）需要特别指出

续表

列1：需要申请社区填写和提供的内容（原文）	列1：理解/填写要点
E部分 准则3（有针对高风险人员、高风险环境，以及提高脆弱群体安全水平的预防项目）	
3.1　描述针对高危人群设计和实施的安全促进与伤害预防项目 高危人群及脆弱人群往往是： 1）特种作业人员 2）心理有障碍的人 3）残疾人 4）空巢老人/患病老人 5）肥胖/体弱/留守儿童 6）家庭暴力受害者 7）精神病患者，残障人士 8）经常参加体育和娱乐活动的人群/养犬人群 9）流浪者/外来务工人员/租住房屋人群 10）生活工作在高风险环境中的人群	主要对象：受伤害率高于社区平均水平的人群和弱势群体。描述针对高危人群、弱势群体的安全促进项目。如脑卒中人群跌倒干预，空巢老人关爱，留守儿童关爱，中学生驾照项目等 应完整的描述几个有代表性的促进项目（背景—目标、计划—措施与实施—效果），其他项目策划及实施建议以表格形式列出
3.2　描述针对高风险环境实施的安全促进与伤害预防项目 1）描述社区内风险环境是如何确定的？ 2）描述优先考虑干预的环境 3）社区是否有高风险环境干预的具体方案 4）描述工作的时间表 5）哪些团体参与了高风险环境干预项目工作？	高风险环境指事故高发区域、场所或者是潜在的事故高发区域、场所。如某交通事故高发路口、泥石流多发区域、高层楼宇火灾干预、电线老化楼宇、北京胡同区四合院火灾干预等 按照左侧表中的5条要求完整描述几个有代表性的促进项目（背景—目标、计划—措施与实施—效果），其他项目以表格形式列出

续表

列 1：需要申请社区填写和提供的内容（原文）	列 1：理解/填写要点
F 部分 准则 4（有“以证据为基础的”安全促进项目）	
4.1　描述准则 2、3 中哪些项目的策划和实施是“以证据为基础”的，并说明其证据来源及结果	以“证据为基础”是一个来源于循证医学的名词。它强调在决策或评估干预效果时，应当依靠当前已有的最佳证据，这些证据可能来自于文献，或来自于科学实验结果，或来自于大量案例的研究结果，都证明了某一干预模式是有效的。如果采用以上来源的证据来策划项目，则意味着该项目是“以证据为基础”的，与缺乏充分的研究基础的干预行为有所区别。例如，根据人群实验和科学测定结果，证明降低接噪最有效的办法是戴耳塞，耳塞最佳直径是 10 毫米，于是策划纺织工人职业健康项目——“耳塞行动” 除了世界卫生组织提供的系列事故伤害预防指南等证据，社区应侧重于省、市级等地区级组织提供的伤害预防证据
4.2　是否和安全社区支持中心、大专院校、科研院所等专业机构建立合作关系开展和实施以证据为基础的项目？是哪些？这些机构向社区提供了哪些研究结果或证据？应用程度如何？	描述在安全社区建设过程中与哪些专业机构、研究机构合作开展“以证据为基础”的项目，合作的内容及结果，包括这些机构向社区提供已有的客观证据或者这些机构与社区合作研究提供的证据。采纳情况如何 例：某街道与辖区卫生中心合作研究“易筋经操”对于老年人跌倒的干预效果，取得科学的结论后组织项目实施

续表

列 1：需要申请社区填写和提供的内容（原文）	列 1：理解/填写要点
G 部分 准则 5（有记录伤害发生频率及其原因的制度）	
5.1　描述规定并实施的事故与伤害数据渠道及获取的信息	描述获取事故与伤害信息的渠道，如由政府职能部门（交警队、安监科、消防队、派出所）、学校、燃气公司等获取数据，由医疗部门（CDC、社区卫生服务中心）实施伤害监测；通过居民入户调查等方式获取信息。各个渠道获取的信息的主要内容
5.2　描述事故与伤害数据是如何传递及公开的	例：每月由办公室收集、通过网站发布、简报发布、监测结果公开、每周警情通报等
5.3　描述社区是如何记录保存及利用获得的事故与伤害数据的	记录与保存（例）：填写居民伤害监测表，每年度汇总分析，至少保存 5 年 如何利用（例）：事故与伤害数据分析后传递给项目组，提出项目策划或调整建议。伤害监测人员填写监测报告、统计分析、提出促进建议
H 部分 准则 6（有安全促进项目、工作过程、变化效果的评价方法）	
6.1　描述采用的项目评估方法及如何对项目进行分析评估的	描述采用的评估方法包括定性分析方法和定量分析方法，例如事故调查分析；事故与伤害数据对比；隐患排查与整治结果对比、居民安全知晓率变化分析、群众安全满意度变化分析作等
6.2　描述项目评估结果是如何应用的	如何利用事故伤害数据来跟踪及分析促进项目的成效？哪些项目已经取得好的成效？哪些需要持续改进？例如依据评估结果来制定持续改进计划、对进行中项目的调整、策划新的项目、为社区制定规划提供依据等

续表

列1：需要申请社区填写和提供的内容（原文）	列1：理解/填写要点
H部分 准则6（有安全促进项目、工作过程、变化效果的评价方法）	
6.3 描述伤害类型、居民“知、信、行”的变化	描述依据6.1的各种方法得出的结果。包括伤害总量的变化情况、跌伤、机动车死亡、中毒等主要伤害数据的变化及居民“知、信、行”的变化情况
I部分 准则7（积极参与本地区及国际安全社区网络的有关活动）	
7.1 描述社区已加入的国家和国际安全社区网络	何时被命名为全国安全社区？何时加入亚洲安全社区网络、国际安全社区网络？
7.2 命名仪式是否计划和其他国际会议、研讨会或者其他形式的国际、国家交流活动同时召开？	填写为：由中国职业安全健康协会（国际安全社区支持中心）统一安排
7.3 命名仪式将邀请哪些已获命名的社区参加？	填写为：由中国职业安全健康协会（国际安全社区支持中心）统一安排
7.4 社区参与了哪届国际或国内的安全社区会议？	列举参加的会议的时间、地点、会议名称等
7.5 社区是否计划加入某个区域安全社区网络（亚洲、欧洲、泛太平洋、非洲或拉丁美洲区域安全社区网络）？	填写为：如成为国际安全社区网络成员，将加入亚洲安全社区网络

附录 2　国际安全社区网页报告

1. 必须填报以下内容并以“××社区网络报告信息＋日期”的名称发送。

2. 以 word 文档格式 E-mail 至认证中心及 WHO CCCSP。

社区照片：

社区名称：

国家：

社区居民数：

项目启动时间：

国际安全社区网络成员序号：　　　命名时间：

国际安全社区支持中心名称：

认证人员：

副认证员：

报告网址：

社区联系方式：

姓名：

单位：

地址：

邮编：

省/市：

国家：

电话（包括国家代码）：

传真：

E-mail：

社区网址：

如下信息应简练，含图片（jpg 格式，不超过 100 k）的报告篇幅一般不超过 10 页 A4 纸（中文一般不超过 1 万字）

涵盖以下内容的安全促进和伤害干预项目（在项目中附带典型项目活动图片）

按年龄组描述

儿童 0～14 岁：例如

居家：

交通：自行车头盔、儿童汽车座椅，能见度

学校：反暴力项目

体育运动：

休闲活动：

以证据为基础的项目：

青少年 15～24 岁：例如

居家：

交通：自行车/摩托车头盔、儿童汽车座椅，能见度，禁酒

职业相关的：

学校：

体育运动：

休闲活动：

以证据为基础的项目：

中年 25～64 岁：例如

居家：

交通：能见度，禁酒，限速，安全带

职业相关的：

学校：

体育运动：

休闲活动：

以证据为基础的项目：

老年 65 岁以上：例如

居家：

交通：能见度，禁酒，限速，安全带

体育运动：体能平衡训练，如太极拳

休闲活动：

以证据为基础的项目：

自然灾害：例如自然灾害后果（人员伤亡）。（如海啸预警系统，地震安全房屋）；

或其他；

暴力预防（故意伤害）：

以证据为基础的项目：

自杀预防（自残伤害）

以证据为基础的项目：

针对高危人群的预防项目：

高风险群体有：

例如

骑车上学的中学生；

空巢老年人；

特种作业人员；

……

伤害监测：实施部门

每年伤害人数：

监测人数：

监测起始时间：

出版物情况：

论文；

制作的信息材料：如传单、海报、视频资料等

安全社区建设工作人员：

负责人照片：

人数：

专业、兼职或全职人员数量：

正式工作人员数量：

临时工作人员数量：

安全社区建设领导机构：（组织及构成单位、人员等）

公共卫生/健康促进项目组：（可描述人数、主要构成单位、领导单位等）

国际交流：

学习考察情况：

参加有关安全社区会议情况：名称、时间、地点

举办有关安全社区会议情况：名称、时间、地点

举办安全社区研习会情况：名称、时间、地点

其他：

附录3 现有国际安全社区名单（中国部分）

序号	社区名称	地区	命名时间
1	屯门	香港	2003，2009
2	葵青区	香港	2003，2008
3	大埔	香港	2005，2010
4	泰山乡	台湾	2005，2010
5	阿里山	台湾	2005，2012
6	内湖区	台湾	2005，2010
7	青年公园街道	山东	2006，2012
8	荃湾	香港	2006，2011
9	深水埗	香港	2006，2011
10	东涌区	香港	2006，2011
11	望京街道	北京	2007，2012
12	麦子店街道	北京	2007，2012
13	亚运村街道	北京	2007，2012
14	建外街道	北京	2007，2012
15	潞安集团社区	山西	2007，2012
16	开滦钱家营社区	河北	2007，2012
17	开滦荆各庄社区	河北	2007，2012
18	花木街道	上海	2007，2012
19	虹桥镇	上海	2007，2012
20	康健街道	上海	2007，2012
21	月坛街道	北京	2008，2013
22	金融街道	北京	2008，2013
23	中正区	台湾	2008，2013

续表

序号	社区名称	地区	命名时间
24	寿丰乡	台湾	2008
25	石冈乡	台湾	2008
26	东直门街道	北京	2009
27	槐荫区	山东	2009
28	淮海街道	上海	2009
29	张江镇	上海	2009
30	新江湾城	上海	2009
31	香蜜湖街道	深圳	2009
32	八里庄街道	北京	2009
33	安贞街道	北京	2009
34	小关街道	北京	2009
35	西贡	香港	2009
36	高雄市左营社区	台湾	2009
37	嘉义县花莲新港社区	台湾	2009
38	台中县和平社区	台湾	2009
39	东山县	台湾	2009
40	兴工街道	大连	2010
41	人民路街道	大连	2010
42	李家街道	大连	2010
43	星海湾街道	大连	2010
44	展览路街道	北京	2010
45	卢湾区	上海	2010
46	瑞金街道	上海	2010
47	金桥镇	上海	2010
48	长征镇	上海	2010

续表

序号	社区名称	地区	命名时间
49	金华社区	台湾	2010
50	苏澳社区	台湾	2010
51	头城镇	台湾	2010
52	台北市文山区	台湾	2010
53	南港社区	台湾	2010
54	大同社区	台湾	2010
55	信义区	台湾	2010
56	黄大仙区	香港	2011
57	沙河口区	北京	2011
58	中山区	北京	2011
59	香河园街道	北京	2011
60	潘家园街道	北京	2011
61	大屯街道	北京	2011
62	三里屯街道	北京	2011
63	左家庄街道	北京	2011
64	万莲街道	辽宁	2011
65	沈河区	辽宁	2011
66	方松街道	上海	2011
67	控江路街道	上海	2011
68	南京东路街道	上海	2011
69	殷行街道	上海	2011
70	南区	香港	2011
71	秀峰社区	台湾	2011
72	西岗区	大连	2012
73	四平路街道	上海	2012

续表

序号	社区名称	地区	命名时间
74	五角场社区	上海	2012
75	五里桥街道	上海	2012
76	新街口街道	北京	2012
77	学院路街道	北京	2012
78	湛山街道	山东	2012
79	八大关街道	山东	2012
80	珠海路街道	山东	2012
81	延吉新村街道	上海	2012
82	半淞园街道	上海	2012
83	德胜街道	北京	2012
84	陆家嘴街道	上海	2012
85	团结湖街道	北京	2012
86	劲松街道	北京	2012
87	双井街道	北京	2012
88	福田区	深圳	2012
89	夏港街道	广州	2012
90	新竹市东区	台湾	2013
91	西长安街	北京	2013
92	东华门街道	北京	2013
93	新安街道	江苏	2013
94	申港街道	江苏	2013
95	永和街道	广州	2014
96	机场街道	北京	2014
97	小东门街道	上海	2014
98	潍坊街道	上海	2014

续表

序号	社区名称	地区	命名时间
99	仙林街道	江苏	2014
100	长白新村街道	上海	2014
101	人和街道	重庆	2014
102	萝岗街道	广州	2014
103	洋泾街道	上海	2014
104	五角场镇街道	上海	2014

参考文献

[1] 吴宗之. 安全社区建设指南［M］. 北京：中国劳动社会保障出版社，2005

[2] 卫生部疾病预防控制局，卫生部统计信息中心，中国疾病预防控制中心. 中国伤害预防报告［M］. 北京：人民卫生出版社，2007

[3] 王声湧. 伤害流行病学研究的内容与方法，预防医学文献信息，1998，4（3）：299－300

[4] 卫生部疾病预防控制局. 伤害干预系列技术指南，2011

[5] 王书梅. 社区伤害预防和安全促进理论与实践［M］. 上海：复旦大学出版社，2010

[6] 美国项目管理协会有限公司. 项目管理知识体系指南（PMBOK®指南）. 标准号 ANSI/PMI 99－001，2000

[7] 张晓宁. 我国自然灾害风险现状与展望［J］. 中国减灾. 2013. 8：14－17

[8] 王清. 国际安全社区建设效果评估体系研究［D］. 上海：复旦大学，2010

[9] 陈文涛. 浅议安全社区申请工作的报告编制［J］. 安全，2014（2）：46－52

[10] 陈文涛. 浅议安全社区建设中的安全促进项目策划［J］. 安全，2014（4）：58－62

[11] 陈文涛. 安全社区建设相关若干问题探析［J］. 中国

安全科学学报，2014 (7)：118 - 124

[12] 陈文涛. 釜山安全城市建设经验与启迪 [J]. 劳动保护，2014 (8)：52 - 56

[13] 郑立业，陈文涛. 社区安全管理 [M]. 北京：石油工业出版社，2011

[14] 陈文涛. 安全社区建设——广州开发区模式 [M]. 北京：中国人口出版社，2014

[15] 中国法律网. 中国历年交通事故死亡人数官方统计 (2001—2011 年) [EB/OL]. [2013 - 04 - 16]. http：//www.5law.cn/b/a/falvzhuanti/yiliaoshigusunhaipeichang/2013/0416/73765.html.

[16] 潘一平，周岚，倪天晓. 我国火灾形势统计分析 [J]. 消防技术与产品信息，2012.2：63 - 67

[17] 国家安全监管总局. 卜昌森. 安全管理的实践与思考 [EB/OL]. 2015 - 02 - 16，http：//www.chinasafety.gov.cn/newpage/

[18] 国家安全监管总局. 国家安全监管总局召开“三化”条件下安全生产理论研讨会 [EB/OL]，2014 - 08 - 04

http：//www.chinasafety.gov.cn/newpage/Contents/Channel_6747/2014/0804/238462/content_238462.htm

[19] 广州番禺区小谷围街道安全社区促进委员会. 广州大学城国际安全社区申请工作报告 [R]，2014

[20] 上海市虹口区欧阳路街道安全社区创建领导小组. 欧阳路街道国际安全社区认证申请工作报告 [R]. 2014

[21] 世界卫生组织. 预防伤害与暴力：卫生部使用组织指南 [S]. 2007

[22] WHO. Pedestrian safety：Road Safety Manual for de-

cision - makers and practitioners use [R], Geneva: World Health Organization, 2013

[23] WHO. Global status report on road safety [R], Geneva: World Health Organization, 2013

[24] WHO Collaborating Centre on Community Safety Promotion. Becoming a Member of the International Safe Community Network - Guidelines (Version to be in action from 2012). Sweden

[25] World Health Organization. Child injury prevention: World report on child injury prevention. Geneva: World Health Organization, 2008

[26] World Health Organization. Road traffic injury prevention: World report on road traffic injury prevention. Geneva: World Health Organization, 2009

[27] World Health Organization. Drinking and driving - an international good practice manual. Geneva: World Health Organization, 2009

[28] Glen Welander, Leif Svantrom, Robert Ekman Safety Promation - An Introduction [M]. Karolinska Institute, Department of Public Health Sciences, Division to Social Medicine Stockholm, Sweden, 2000

[29] Spinks A, Turner C, Nixon J, et al. The WHO safe communities model for the prevention of injury in whole populations [M]. Manhattan: John Wiley & Sons, Ltd., 2003: 22 - 30

[30] WHO Collaborating Centre on Community Safety Promotion. Safe communities network members [EB/OL]. [2015 - 01 - 20]. http: www. ki. se/csp/who _ safe _ communities _

network _ en. htm

[31] Safety Promotion – an Introduction Karolinska Institute Department of Public Health Sciences Division of Social Medicine Stockholm, 2004

[32] Pierre Maurice, Julie Laforest, Louise Marie Bouchard. Safety promotion and the setting – oriented approach: Theoretical and practical considerations [R]. Quebec Safety Promotion and Crime Prevention Resource Centre, 2008

[33] WHO. Global report on drowning: preventing a leading killer [R], Geneva: World Health Organization, 2014

[34] WHO. Preventing Suicide: a global imperative [R], Geneva: World Health Organization, 2014

[35] Anna Halonen. Injury prevention and safety promotion-based on safe community principles in the baltic sea region states [R]. Aleksanteri Institute, 2005

[36] Pierre Maurice, Julie Laforest, Louise Marie Bouchard. Safety promotion and the setting-oriented approach: Theoretical and practical considerations [R]. Quebec Safety Promotion and Crime Prevention Resource Centre, 2008

[37] Gerberding J L, Falk H, Arias I, et al. Preventing falls: How to develop community-based fall prevention programs for older adults [Z]. National Center for Injury Prevention and Control, 2008

[38] Per Nilsen. The how and why of community-based injury prevention: A conceptual and evaluation model [J]. Safety Science, 2007, 45 (4): 501 – 521

[39] Spinks A, Turner C, Nixon J, et al. The WHO safe

communities model for the prevention of injury in whole populations [M]. Manhattan: John Wiley & Sons, Ltd., 2003: 22 - 30

[40] Kent Lindqvist, Per Nilsen. A manual for economic evaluation in safe community practice [R]. Linkoping University Department of Health and Society Linkoping, 2004

[41] GLENN Welander, Leif Svanstrom, Robert Ekman. Safety Promotion-an introduction (2nd Revised Edition) [R], Karolinska institutet. Stockholm, 2004

[42] ANNA Halonen. Injury Prevention and Safety promotion - Based on safe Community Principles in the Baltic Sea Region States [R], Aleksanteri Institute, 2005

[43] Pierre Maurice, Julie Laforest, Louise Marie Bouchard. Safety Promotion and the Setting-Oriented Approach: Theoretical and Practical Considerations [R], Quebec Safety Promotion and Crime Prevention Resource Centre, 2008

[44] WHO Collaborating Centre on Community Safety Promotion Becoming a Member of the International Safe Community Network—Guidelines [R] Karolinska institute. Stockholm, 2011

[45] International Life Saving Federation. Drowning Prevention Strategies. A framework to reduce drowning deaths in the aquatic environment for nations/regions engaged in lifesaving [Z]. 2008

[46] Drinking and Driving: a road safety manual for decision - makers and practitioners [R]. Geneva: World Health Organization, 2007

[47] WHO Collaborating Centre on Community Safety Pro-

motion. Tung Chung Safe Community Re－Designation Report [R]. Karolinska institute. Stockholm, 2011

[48] WHO Collaborating Centre on Community Safety Promotion. Busan Metropolitan City Safe Community Designation Report [R]. Karolinska institute. Stockholm, 2014

[49] WHO Collaborating Centre on Community Safety Promotion. Lidköping applies for continued status/distinction as a safe community in WHO's global Safe Communities network 2008 [R]. Karolinska institute. Stockholm, 2008

[50] WHO Collaborating Centre on Community Safety Promotion. Application for designation of Rotorua District as an International Safe Community of the World Health [R]. Karolinska institute. Stockholm, 2010

[51] WHO Collaborating Centre on Community Safety Promotion. Application for designation of Fort Worth as an International Safe Community of the World Health [R]. Karolinska institute. Stockholm, 2010